LÉGISLATION

DE LA

MARINE MARCHANDE

EN ANGLETERRE

(Extrait de la *Revue maritime et coloniale.*)

L'émotion que nous signalions ici même l'année dernière, dans le public anglais, à propos de l'état de la marine marchande du Royaume-Uni, n'a pas été passagère ; et les impressions si vives qu'avait alors éveillées la discussion du bill provisoire, voté à cette époque par le Parlement, n'ont fait que grandir pour préparer et achever pendant ces derniers mois l'élaboration de la loi définitive, qui est destinée à protéger désormais la vie des navigateurs contre l'innavigabilité des navires qui les portent.

Dans cet intervalle d'une année d'observation et de réflexions appuyées sur la pratique, le champ des investigations et des aspirations s'est étendu ; et le cercle de la loi nouvelle, sortant même du domaine absolument national, embrasse à présent, dans quelques cas, les navires étrangers fréquentant les ports anglais ; de sorte que si l'année dernière l'étude des discussions du Parlement britannique ne s'imposait qu'à un point de vue spéculatif, elle est devenue aujourd'hui obligatoire pour toutes les nations, puisque dans les eaux anglaises quelques-unes des décisions prises s'appliqueront indistinctement à tous les pavillons.

Il s'en faut cependant que la solution du problème posé par l'état de la marine marchande soit complète ; l'étude du sujet amenant à approfondir la nature des souffrances que l'on éprouve, et des remèdes qu'on pourrait y appliquer, a singulièrement élargi la question. Toutefois la volonté ferme du ministère l'a toujours ramenée aux mesures directement relatives à la navigabilité des bâtiments ; désireux d'arriver à une solution immédiate de ce côté, le président du *Board of trade* a écarté tout point divergent, alors même qu'il en reconnaissait l'importance ; et sachant qu'il était impossible de faire voter dans une seule session un bill trop étendu, il a toujours cherché à maintenir la discussion sur l'objet spécial de la navigabilité, remettant à une session prochaine la présentation de lois particulières sur les questions à présent mises de côté. Il a ainsi réussi à donner à son pays l'acte dont il s'était engagé à le doter avant l'expiration du bill provisoire voté l'année précédente.

L'article publié par la *Revue* dans son numéro de décembre 1875 indiquait les motifs de l'émotion qui s'était emparé du public anglais, en cherchait les causes, énumérait les remèdes proposés, et étudiait la solution momentanée à laquelle on était arrivé dans le Parlement après le rejet de la loi présentée par le ministère. On a compris que c'était la vue de ces milliers d'existences sacrifiées chaque année qui avait éveillé une juste sympathie en faveur de la classe si intéressante des marins, et jeté l'alarme dans les intérêts matériels qu'un pareil état de choses n'eût pas tardé à compromettre. La navigation a ses dangers nécessaires auxquels on ne peut se flatter de se soustraire ; mais on doit tout faire pour en diminuer les risques, en ne les affrontant que sur des bâtiments dont les formes, les qualités nautiques, l'entretien et tout l'équipement les mettent dans les meilleures conditions de sécurité. On était bien loin de ce *desideratum*, la marine anglaise, comme les autres sans doute, mettait journellement à la mer des bâtiments dans l'état le plus déplorable ; les sinistres se succédaient plus nombreux chaque année ; et la liste des victimes prenait de jour en jour des proportions plus affligeantes. Sur les chiffres qui ont été relevés les discussions les plus vives se sont engagées ; mais, sans prendre parti pour M. Plimsoll ou pour ses contradicteurs, nous dirons ce que

LÉGISLATION

DE LA

MARINE MARCHANDE

EN ANGLETERRE

PAR

J.-B. HAUTEFEUILLE

LIEUTENANT DE VAISSEAU

PARIS

BERGER-LEVRAULT ET Cie

Éditeurs de la Revue maritime et coloniale et de l'Annuaire de la Marine

5, RUE DES BEAUX-ARTS, 5

MÊME MAISON A NANCY

1877

personne ne songe à nier, qu'il excède de beaucoup ce qu'il serait, si une conscience scrupuleuse chez les armateurs ne leur permettait de ne mettre en mer que des bâtiments bien navigables, ou si une législation plus parfaite pouvait arriver à ne laisser sortir que les navires qui donnent des garanties raisonnables à leurs équipages.

Telle est donc cette année, comme la précédente, la question à l'étude : Rechercher les mesures qui, sans léser injustement les intérêts des armateurs, et du pays par suite, empêcheront de sortir tout navire dont l'état de navigabilité ne sera pas satisfaisant. La restriction des intérêts légitimes des armateurs est ici capitale, car ceux-ci se lient à ceux du pays dont la marine marchande est la richesse et la fortune ; c'est cette double considération qui rend la question très-complexe et le problème difficile à résoudre. Si d'un côté, disent les uns, il est à craindre que la marine livrée à elle-même, sans frein ni règlements, ne se laisse entraîner dans les aventures, et ne tombe dans le discrédit faute d'offrir aux chargeurs une sécurité suffisante, il est certain d'un autre côté que des mesures restrictives trop nombreuses et trop étroites seraient de nature à arrêter tout essor, toute initiative, et à favoriser la concurrence des pavillons étrangers. Cette dernière appréhension est celle qui, à chaque instant, presque sur tous les points, se présente aux esprits et fait reculer les mieux intentionnés, alors même qu'il s'agit d'arrêter une mesure dont l'efficacité serait d'ailleurs complète. Favoriser le commerce de ses rivaux au détriment du sien est, on le comprend, une crainte légitime, et dans les discussions du Parlement elle est l'arme la plus employée par la fraction opposée au projet de loi, souvent avec raison, quelquefois avec habileté ; ils menacent sans cesse le pays de voir le commerce maritime passer en des mains étrangères, et ses propres navires quitter sa nationalité pour s'abriter sous un pavillon moins exigeant, moins tracassier. Telle a été l'origine de l'application que l'on a faite de quelques-unes des clauses de la loi nouvelle aux navires étrangers venant commercer dans les ports anglais ; clauses restreintes et peu nombreuses encore, mais dont l'accroissement est prévu par une mesure qui permet au gouvernement d'en augmenter le nombre, dès que les négociations avec les puissances maritimes le mettront en mesure de le faire : ajoutons que le ministère a été vivement engagé à activer son action diplomatique dans ce but. Il n'est donc pas douteux que des ouvertures en ce sens n'aient été faites, ou ne soient sur le point de l'être à toutes les nations commerçantes ; et c'est ce qui rend plus indispensable encore l'étude de la loi qui vient d'être promulguée chez nos voisins, et des tendances de l'opinion publique dans ce pays; car ces lois comme ces tendances sont en voie de s'étendre sur le monde civilisé, et si elles peuvent pousser à des prétentions inopportunes, elles peuvent aussi conduire à des réformes salutaires dont toutes les nations devraient s'empresser de faire leur profit, alors surtout qu'un acte de réciprocité les délivrerait de la crainte de rien sacrifier à la concurrence étrangère.

Nous allons donc examiner successivement les solutions contenues dans la nouvelle loi ; puis celles que l'opinion réclame encore et que le gouvernement promet dans un avenir peu éloigné.

I.

L'acte de 1876 reproduit presque exactement les dispositions du bill provisoire de 1875 : la pratique de quelques mois ayant justifié les espérances que l'on avait mises dans les mesures qu'il édictait, et l'expérience qu'elles ont subie ayant démontré sinon leur perfection, du moins leur incontestable efficacité, toutes ont été incorporées dans l'acte définitif et, sauf quelques modifications de détail, font désormais partie de la loi anglaise.

Ainsi le marquage des lignes de charge par l'armateur, la détention par les officiers du *Board of trade* des navires soupçonnés d'innavigabilité, le règlement relatif aux chargements de grains, déjà entrés dans la pratique des navires anglais, deviennent pour eux la règle immuable. Toutefois ce n'est pas sans discussions longues et animées que ce résultat a été acquis : M. Plimsoll, à la tête des partisans de l'intervention constante et obligatoire de l'autorité, est revenu à la charge à toute occasion pour soutenir opiniâtrément l'inspection obligatoire de tous les navires par les officiers du *Board of trade*, ou leur inscription obligée sur les registres des compagnies du *Lloyd*, ou autres institutions analogues sous la sanction du gouvernement ; mais il n'a jamais réussi à amener sur ce point la moindre altération au texte de l'année dernière. En somme, l'œuvre de la session précédente, morcelée et dispersée dans un acte bien plus étendu, voit ses douze articles subsister à peu près intacts dans la loi définitive. Ce n'est que par extension, en général, que les mesures qu'il contenait ont été modifiées : ainsi les règles pour le marquage des lignes de charge sont étendues aux caboteurs d'un tonnage supérieur à 80 tonneaux ; le fait de noyer la ligne de charge devient passible d'une peine directe ; enfin la détention pour excès de chargement n'est plus seulement applicable aux navires anglais, les étrangers sortant des ports du Royaume-Uni devront subir une loi désormais commune à tous dans le fait, bien que mitigée dans les formes de la mise en vigueur à l'égard des navires des autres nations.

Outre ces points qui ne forment qu'une faible portion de la nouvelle loi, l'acte de 1876, tout en restant dans son objet spécial : protéger la vie des navigateurs, prend la question à un point de vue plus haut et plus large ; aux dispositions préventives, il impose une sanction, et l'application de cette sanction, il la remet aux mains d'une juridiction nouvelle qu'il crée par tout le royaume ; de sorte que, si d'un côté il donne de larges pouvoirs aux officiers du *Board of trade*, il met de l'autre le contre-poids dans la main de tribunaux (*Court of survey*) auxquels il confie le soin d'apprécier les appels portés devant eux par les intéressés contre les décisions de ces officiers ; et il détermine en ce cas les formes de la procédure ; puis il institue une autre magistrature particulière pour les enquêtes sur les naufrages, et il place à sa tête de hauts magistrats qui, sous le titre de *commissaires aux naufrages*, auront la mission d'examiner tous les faits se rattachant aux sinistres maritimes, et de diriger la procédure dont la forme en cette matière sera prochainement fixée par le Lord chancelier.

En ce qui concerne les navires portant des passagers et des émigrants, il revise les actes antérieurs de la législation maritime, de façon à les dégager de la double inspection qui, dans certains cas, pouvait leur être imposée, de sorte que l'obtention d'un seul certificat leur suffise dans toutes les circonstances de leurs opérations ; et il étend à l'obtention de ce certificat le droit d'appel devant la *Court of survey*, dans le cas où le *Board of trade* refuserait de l'accorder.

Ce que n'avait osé faire la loi provisoire de l'année dernière au sujet des chargements de bois sur le pont, l'acte actuel le fait partiellement en leur imposant des limites pendant la saison d'hiver, et appliquant cette mesure aux navires étrangers entrant dans les ports anglais. De plus, à l'avenir le volume occupé sur le pont par tout objet de chargement sera estimé, pour être ajouté au chiffre du tonnage du bâtiment pour la fixation des droits divers à acquitter par lui.

Enfin des pouvoirs sont donnés à la reine, qui par ordonnance royale pourra modifier ces mesures dans une certaine limite ; mais surtout, et c'est là ce qui intéresse directement toutes les nations, elle pourra les rendre applicables aux pavillons étrangers qui fréquentent ses ports dès que les divers gouvernements consentiront à se mettre d'accord avec elle sur les points qui en font l'objet.

Tel est l'exposé succinct de la loi qui vient d'entrer dans la législation anglaise ; nous allons examiner ses clauses principales, et les incidents que leur discussion a fait naître au sein des Chambres, afin d'en bien saisir la portée et surtout de reconnaître les tendances qu'ils dévoilent et l'esprit qui les a fait adopter. Cet examen est d'autant plus utile qu'à part l'appropriation que nous pourrions être portés à nous faire nous-mêmes de ces idées, il en est qui nous sont déjà imposées comme nation commerçant avec l'Angleterre ; et désormais nous devons prévoir le moment où la force des choses nous amènera à consentir à l'application de quelques autres, où, comme nos voisins, nous trouverons sinon profit matériel, au moins avantage moral, acte philanthropique. Dans cet ordre d'idées, la France pourrait, sans engager ni compromettre ses intérêts ou son calme obligé, montrer par la façon dont elle répondrait à l'appel tacite contenu dans l'article 37 du nouveau bill, qu'elle est toujours à la tête de la civilisation, et qu'une question d'humanité la trouve toujours sensible et prompte. Sa voix pourrait beaucoup pour la conclusion d'un accord auquel les principaux intéressés sont tout prêts à consentir s'ils sont sûrs de ne pas rester dans l'isolement. La plupart des règles adoptées ou proposées pour assurer la navigabilité des navires seraient par elles-mêmes peu onéreuses quand elles seraient appliquées par tous ; la concurrence seule les rend ruineuses pour l'armateur ou la nation qui les inaugure, si ses rivaux en restent affranchis. On comprend dès lors qu'un accord des principaux pays commerçants soit tout-puissant en cette matière, nonseulement pour généraliser les réformes adoptées en Angleterre, mais pour aller plus loin, et permettre à cette puissance la mise en vigueur de dispositions qu'elles a reconnues salutaires, mais que le soin de sa grandeur et de sa richesse lui a défendu de s'appliquer à elle-même au profit de ses concurrents.

Il n'est pas sans intérêt de voir par quelques chiffres à quels intérêts s'appliquent les règlements qui viennent d'être décrétés ; il est bon de se rendre compte de ce qu'est le mouvement du commerce maritime chez nos voisins. Voici ce que nous donne la statistique pour l'année

1875 : Valeur des importations, plus de 407 millions de livres sterling ; exportations, 309 millions ; tonnage à l'entrée des cargaisons venant d'outre-mer, 19 millions de tonnes ; navires sur lest de même provenance, 3 millions et demi ; cargaisons sorties à destination des pays étrangers, 20 millions et demi de tonnes ; navires sur lest, 3 millions ; cabotage, 23 millions de tonnes de marchandises et 11 millions de tonnes de lest à l'entrée, 20 millions et demi de tonnes de chargement et 9 millions sur lest à la sortie. Total : 83 millions de tonnes de marchandises transportées, et 27 millions de tonnes de navires sur lest, soit un tonnage total de 110 millions de tonnes. Les derniers rapports donnent un chiffre de 206,000 hommes pour l'effectif des marins montant les navires anglais. En 1872, le nombre des émigrants fut de 252,000 ; celui des passagers transportés n'est pas donné officiellement. On voit par là à quels immenses intérêts touchent les questions maritimes ; et on se fait une idée plus juste de la puissance du levier qui agite l'opinion publique, quand on considère, chiffres en main, les richesses qui y sont engagées, et aussi la quantité d'existences qui demandent sécurité.

Malgré les chiffres éblouissants que nous venons de citer, l'état de la marine marchande est loin de satisfaire ses possesseurs, et d'être aussi florissant qu'ils le souhaitent : il reste numériquement presque stationnaire alors que les rivaux grandissent rapidement autour de lui. Notons par exemple la Norwége et la Suède, dont le commerce a décuplé depuis quelques années, et chez lesquelles la navigation à vapeur surtout prend un développement considérable. Dans certains ports anglais, le transit sous pavillon étranger est presque double de celui qui est fait par la marine nationale ; on conçoit que nos voisins ne puissent se défendre d'une certaine inquiétude en présence de pareilles constatations, et qu'ils apportent dans les mesures législatives qui doivent être prises la plus grande circonspection, de peur d'aggraver une situation qui nécessite les plus grands ménagements. Une pensée cependant fort judicieuse, qui a été émise, doit les soutenir dans la voie des réformes où ils sont entrés : à côté de la concurrence du bon marché au nom de laquelle on repousse les mesures restrictives qui semblent devoir donner de grands avantages aux rivaux, il existe la concurrence de la sécurité, qui viendrait peut-être apporter aux armateurs anglais de larges compensations aux sacrifices que leur imposerait le meilleur entretien de leurs navires, si dans le monde entier, la sécurité que l'on rencontrerait dans la navigation anglaise provoquait en sa faveur une confiance qui, après avoir fait baisser le taux des assurances, porterait vers elle passagers et marchandises.

Dans l'étude que nous allons entreprendre nous examinerons d'abord toutes les questions qui, après avoir été soulevées, ont trouvé une solution dans le bill qui a été voté ; puis dans un second chapitre nous étudierons celles qui, sans amener de décision immédiate, attendent à court délai une résolution promise par le gouvernement ; enfin viendront dans une dernière partie celles que l'opinion publique n'a pas encore suffisamment mûries, mais dont l'avenir aura à se préoccuper.

L'*innavigabilité* est le fait et le mot autour duquel a pivoté ce long débat, qui a été comme le point capital de la session parlementaire de cette année, et auquel on a consacré de longues heures dans plus de vingt-cinq séances des chambres anglaises ; on l'a envisagée sous toutes ses formes, dans toutes ses causes, afin de trouver le remède aux maux qu'on lui impute ; et tandis que, jusqu'ici, on n'avait cherché l'origine des sinistres que dans les faits d'ordre matériel tenant aux navires, à leur état, à leur chargement ; on est remonté aux causes que j'appellerai morales, qui tiennent à la valeur des marins, et à côté de l'innavigabilité des navires, on a établi bien des cas d'innavigabilité des équipages. Les plaintes sur l'incapacité, l'indiscipline et l'inconduite des marins sont nombreuses, et l'opinion suit à l'égard de ces derniers deux courants opposés dans leurs voies, mais convergents dans leur but commun, qui est la sécurité de la navigation. Les uns réclament des garanties pour les marins, les autres en demandent contre eux. Il est certain que l'amélioration de leur sort en relevant leur niveau moral est de nature à assurer un meilleur recrutement ; mais il faut aussi que la loi réprime sûrement et énergiquement les écarts, et qu'elle arme puissamment les capitaines dont l'autorité est la seule sauvegarde de la sécurité si vivement poursuivie de la navigation.

Parmi les moyens proposés pour assurer la navigabilité des navires se place au premier rang l'inspection par les officiers du *Board of trade*, telle qu'elle est pratiquée pour les navires faisant le service des passagers et des émigrants, étendue d'une façon obligatoire à tous les bâtiments prenant la mer, afin d'étendre ainsi sur tous les marins la même protection qui jusqu'ici ne veillait que sur les voyageurs de passage. C'est le système de M. Plimsoll, généralement désigné sous le nom de *Government-survey*, que l'on eût volontiers appliqué au navire, en embrassant toutes les phases de son existence maritime, depuis la mise en œuvre des matériaux qui sur les chantiers doivent entrer dans sa construction, jusqu'aux moindres détails de chacun des armements et des chargements qu'il opérerait tout le long de sa carrière. Les partisans de ce système d'une pratique contestable consentaient à y substituer : soit la classification obligatoire par les comités du *Lloyd's Register*, du *London's* ou du *Liverpool's Register*, ou de tout autre comité analogue, présentant des garanties suffisantes à l'administration ; soit l'inspection obligatoire du gouvernement sur les navires non classés par les comités ; soit enfin l'obtention, avant chaque sortie, d'un certificat de navigabilité délivré par le *Board of trade*, ce qui fût revenu exactement à l'inspection obligatoire directe. Nous avons donc à examiner les conditions dans lesquelles ces divers systèmes eussent pu fonctionner, et les conséquences qu'eût entraînées leur adoption, sans toutefois revenir entièrement sur ce qui a été dit ici même l'année dernière à ce sujet.

Inspection obligatoire ou classification. — Les arguments des partisans de ces systèmes sont tous ou à peu près tirés de l'impunité que, disent-ils, le projet de loi assure dans la plupart des cas aux armateurs de navires innavigables. Le propriétaire d'un navire, même en fort mauvais état, qui a fait un voyage sans accident, peut difficilement être poursuivi, ou du moins le résultat satisfaisant de son voyage amènera certainement son acquittement ; parmi les cas de perte, il en est bon nombre pour lesquels les poursuites sont impossibles, car les preuves qui peuvent le condamner ont disparu avec le navire ; l'action de la loi projetée ne s'étend donc qu'aux cas assez rares où, après un sinistre, la culpabilité pourra être établie. Les délinquants auront donc bien des chances d'échapper au châtiment qu'ils auront mérité ; leurs fautes seront par là encouragées, et la sécurité des marins sera ainsi vainement cherchée par les moyens contenus dans le projet de loi ; la vraie voie pour arriver à l'assurer est d'empêcher qu'aucun navire puisse sortir s'il est dans de mauvaises conditions de navigabilité.

Le passé du système de la classification semble lui donner une efficacité incontestable. En ce moment elle embrasse la plus grande partie de la marine anglaise : ainsi, en ne comptant que les bâtiments d'un tonnage supérieur à 100 tonnes, 9,900 navires sont classés par les trois comités ci-dessus désignés ; on estime à 3,500 environ le nombre de ceux qui ne le sont pas du tout, et sur lesquels il y aurait à établir une surveillance active. L'inspection, en effet, des registres du Loyld et des autres comités, sur lesquels la plupart ont figuré, donne à penser

que 2,000 à peu près d'entre eux touchent à la limite où la navigabilité devient douteuse. En ce qui est des constructions inachevées, on
les voit presque toutes se soumettant aux règles imposées pour la classification. Sur 528 navires actuellement en chantier, 478 sont construits
d'après les indications fixés par le Lloyd, et 11 selon celles dictées par
les autres associations, 39 seulement restent indépendants de toutes
ces prescriptions, ne devant demander le classement à aucun comité.

D'un autre côté, sur les 22 navires qui dans ces derniers temps ont
été arrêtés par le *Board of trade* sur les réclamations de leurs équipages, 19 étaient des navires non classés, et sur la liste considérable
de ceux dont la démolition a été exigée par le *Board of trade*, pas un
seul n'était classé.

Enfin la comparaison du taux des primes réclamées par les diverses
compagnies d'assurance vient encore plaider pour la classification : on
voit, en effet, le chiffre de celles qui ont la spécialité d'assurer les navires non classés trois ou quatre fois plus fort que celui de celles qui
n'acceptent que des navires classés. Disons de suite, toutefois, que la
nature lourde des chargements que ceux-ci portent en général, charbons, minerais, métaux, etc., et le genre de leur navigation, le plus souvent côtière, les exposent à plus de risques que les autres qui, chargés
de cargaisons riches mais moins pesantes, font la grande navigation.

A ces considérations ajoutons celle de la garantie que donne la com-
position du comité du Lloyd ; nous voyons en effet les deux éléments
opposés, armateurs et assureurs, y entrer à nombre égal, toujours exactement maintenu, de façon à assurer la parfaite impartialité de ses
décisions, au profit des intérêts maritimes divers qu'il représente.

Contre toutes ces allégations les adversaires de ces systèmes d'inspection et de classification obligatoire s'unissent aux membres du gouvernement pour faire voir combien c'est mal comprendre le sentiment
du peuple anglais, et l'esprit qui a toujours régné dans sa législation,
que de chercher à substituer la réglementation étroite à l'initiative et
à la responsabilité individuelles. Il faut que les armateurs restent libres
de la conduite de leurs affaires, mais qu'en même temps ils portent toute
la responsabilité qu'entraîne cette liberté ; or, cette dernière ne saurait
se concilier avec une immixtion minutieuse du gouvernement dans tous
leurs actes. Il faut d'ailleurs se demander comment s'exercerait un
pareil système de contrôle ? Supposons-le en vigueur, avec toute l'extension qu'on souhaite pour lui ; le navire a subi le *Government survey*,

il a marqué la ligne de charge fixée par le gouvernement, il a reçu son
certificat de navigabilité, il va falloir qu'un agent de l'autorité surveille
le chargement et l'arrimage de la cargaison, car il ne suffit pas, pour
éloigner tout danger, que la ligne de charge ne soit pas immergée, il
faut encore une répartition convenable des poids ; enfin l'embarquement
des approvisionnements devra être l'objet d'une nouvelle surveillance ;
car la responsabilité de l'autorité s'étant substituée à celle des vrais
intéressés, la vigilance des chargeurs et assureurs n'a plus aucun mo-
bile, elle devait pourtant être autrement active que celle d'un contrô-
leur de l'administration, qui n'a ni perte à subir, ni gain à espérer,
mais elle s'efface derrière ce contrôle, auquel elle ne saurait rien
ajouter.

Voyons maintenant ce que serait l'inspection appliquée aux navires
non classés. Quels sont d'abord ces navires ? Il n'est pas question des
paquebots, qui sont soumis à l'inspection par le fait seul qu'ils portent
des passagers ; ils appartiennent donc à deux catégories, l'une formée
par de grandes maisons, dont le nom est une garantie, et qui se trouveraient injustement lésées par la réglementation uniforme qui devrait
être imposée à tous ; et l'autre formée par la pire classe des navires que
leur état éloigne de toute classification, et à cause desquels on serait obligé d'établir sur tous les mesures les plus minutieuses, les plus
sévères, mais en même temps les plus vexatoires pour les bons. Un tel
système tendrait à détruire chez les armateurs le peu de sollicitude qui
a survécu chez eux au régime des assurances, et une des fins de ce
mode de prévention serait à coup sur d'abaisser le niveau de la marine. Pour beaucoup, le minimum des exigences de l'autorité devien-
drait le maximum de valeur et de qualité que l'on apporterait dans la
construction et dans l'entretien des navires, de sorte que ce niveau
moyen déclinerait au lieu de s'élever.

Un tel système est contraire au génie national et serait fait pour tuer
ce qui est le secret de la force et de la vigueur du pays. Tout mode
d'inspection est contraire au progrès, parce que l'inspecteur redoute la
responsabilité qu'entraîne l'innovation dont il n'a aucun profit à tirer ;
tandis que l'armateur, au contraire, poussé par son intérêt, poursuit
les améliorations et les applique tant qu'elles n'engagent sa responsabilité que dans une juste mesure. Il est constant que la réglementation,
qui a été la conséquence du *Government survey* imposé aux navires
portant des passagers ou des émigrants, a arrêté considérablement l'ini-

tiative des ingénieurs et des constructeurs ; et que bien des améliorations de forme et d'aménagements dans les coques et les machines
n'ont pu être appliquées, alors même qu'elles eussent apporté économie et sécurité, parce qu'elles étaient contraires aux règles du *Board
of trade* et aux exigences des inspecteurs. Ce fait résulte des déposi-
tions des agents des plus riches compagnies ; mais si les puissantes
maisons sont ainsi gênées dans leur essor par des lisières trop étroites,
combien plus doivent en souffrir les petits armateurs, chez lesquels le
besoin surexcite l'activité, et dont on doit attendre le plus souvent les
inventions utiles ! Les meilleures lois aptes à préserver la vie des marins seront celles qui, laissant la plus libre carrière à l'énergie person-
nelle, l'astreindront à rendre un compte exact de l'usage qu'elle aura
fait de la liberté qui lui est laissée.

La grande masse des navires à voiles est employée dans deux genres
de commerce : le transport à l'extérieur des charbons, des minerais et
métaux produits de l'industrie du pays, l'importation des grains et des
bois ; il est à croire que la charge d'une réglementation trop lourde et
trop tracassière aurait pour effet de les pousser à passer matériel et
personnel sous pavillon étranger ; du même coup ainsi les marins
échapperaient au pays et au bénéfice de la loi faite pour préserver
leurs existences, le nombre des victimes ne serait pas diminué et l'Angleterre perdrait à la fois un transit lucratif et des hommes qui, aux
jours des crises et des guerres, manqueraient pour l'armement de ses
flottes. Cette navigation des voiliers est en effet la véritable école qui
forme les marins et les capitaines ; les grandes compagnies de steamers
empruntent leurs officiers aux navires à voiles, et ne veulent pour diriger leurs bâtiments à vapeur que des capitaines ayant longtemps
commandé des voiliers.

A l'idée de la classification obligatoire on peut opposer, nous allons
le voir, des raisons analogues, et d'abord il importe de bien constater
quel est le domaine réel de la classification. Les grandes compagnies
Cunard, Péninsulaire et Orientale, Royal Mail, ne font point classer
leurs bâtiments, et les plus fortes maisons suivent cet exemple ; sur un
tonnage total de 750,000 tonnes, la *Steamship owner's Association* de
Liverpool a plus de 400,000 tonnes appartenant à des navires qui ne
sont pas classés ; ce n'est pas que ces bâtiments soient d'une solidité
inférieure à ce qui est exigé pour le classement, mais c'est parce que
leurs propriétaires ont voulu, dans le genre de construction adopté,

introduire des innovations contraires aux prescriptions du Lloyd, ou imprévues par elles, bien qu'elles soient de nature à les consolider ou à les améliorer, qu'en un mot elles constituent un progrès réel et sérieux, et qu'ils voulaient rester libres d'introduire ces perfectionnements sans avoir à consulter le comité du Lloyd ou de toute autre association analogue.

La statistique, qui a d'ailleurs toujours son revers, montre que la classification n'est pas une garantie si complète que ses partisans semblent l'affirmer, et qu'une forte proportion des victimes que l'on a eu à regretter dans ces derniers temps, ont péri sur des navires classés. En voyant d'ailleurs ce qu'est exactement la classification, on jugera la mesure dans laquelle elle peut assurer la sécurité.

L'inscription sur les registres du Lloyd n'a jamais eu pour objet d'établir ou d'affirmer les qualités nautiques que possédaient les navires, et les bonnes conditions de navigabilité dans lesquelles ils se trouvaient ; son but était de garantir leur aptitude au transport de certaines marchandises ; ainsi un navire neuf, exempt de toute humidité, est coté de 1re classe et recommandé pour le transport des thés et des soies de Chine ; puis, quand un peu de fatigue peut faire craindre quelques légers suintements d'humidité, il passe à la seconde classe qui le recommande pour le transport de marchandises moins délicates ; il est ensuite coté de troisième classe, puis est déclassé ; mais toujours le passage d'une classe à l'autre a lieu après une période déterminée, une inspection est passée à ce moment ; mais cette chute progressive, et réglée d'avance, ne prouve rien quant à la navigabilité ; beaucoup de bâtiments sont très-bons encore après le déclassement, de même que bien des navires de 1re classe ont été détenus par le *Board of trade* pour défauts dans leurs coques ou leurs machinés.

Il faut du reste remarquer que si la classification devient obligatoire, on ne peut affirmer qu'elle conservera sa valeur actuelle ; les sociétés qui seront autorisées à la conférer ne garderont peut-être pas toujours leur équitable sévérité, de sorte que le classement deviendra une simple formalité, comme cela arrive pour certaines sociétés dont le discrédit est complet en Angleterre ; le certificat qu'elles donneraient ne serait pas moins une sorte de brevet qui mettrait à l'abri la responsabilité de l'armateur. La situation serait alors pire que jamais, et l'effet de la classification aurait été contraire à celui qu'on en attendait. La loi, il est vrai, pourrait réserver au gouvernement la faculté de retirer aux compagnies de classification le privilége dont elles jouiraient; mais alors il ne pourrait y substituer que le *Government survey*, qui est la fin vers laquelle on tendrait, et qui s'imposerait forcément, du moment que le principe de la libre responsabilité serait mis de côté.

D'ailleurs que veulent les partisans de l'inspection ou de la classification obligatoire? Que tout navire qui n'est pas navigable soit empêché de prendre la mer, c'est-à-dire que les navires qui ont besoin de réparation soient réparés, que ceux qui sont trop ou mal chargés modifient leurs chargements; or, c'est justement ce à quoi tend la législation contenue dans le projet du gouvernement et finalement dans la loi votée par le Parlement; mais elle y arrive par des procédés différents, sans s'immiscer dans les voies et moyens employés, dont elle laisse la responsabilité à qui de droit.

Dans les débats des deux Chambres, l'application du contrôle général ou partiel du gouvernement a été poursuivie avec une persévérance sans égale, mettant à profit toutes les occasions, revêtant toutes les formes, pour tenter un retour de fortune. Ainsi, après le rejet des systèmes dont nous venons de parler, on a demandé que tout navire déclassé soit soumis à l'inspection du *Board of trade*; mais une pareille mesure ne serait-elle pas la reconnaissance, déjà formellement déclinée par le gouvernement, d'un caractère officiel aux sociétés de classement? Ce serait l'institution d'une inspection obligatoire succédant à un contrôle jusqu'ici tout volontaire, et d'une nature toute différente, n'ayant, nous l'avons expliqué, rien de commun avec la navigabilité. Voyons d'ailleurs ce que sont et ce que deviennent ces navires déclassés : beaucoup d'entre eux, appartenant à des armateurs voués au commerce spécial des marchandises de prix, sont vendus à des propriétaires moins fortunés qui les emploient dans des voyages et à des transports qui n'exigent pas les mêmes qualités, et auxquels ils sont parfaitement propres. Soumettre ces armateurs aux exigences d'une inspection ou d'un reclassement serait mettre une entrave aux opérations d'une catégorie déjà disgraciée, qui a plus besoin d'encouragements que d'opposition, et à cette considération particulière viendraient s'ajouter toutes les raisons qui ont fait repousser l'inspection obligatoire dans son application générale, lesquelles se reproduiraient dans ce cas restreint.

On a encore exprimé le désir de voir le *Board of trade* tenu de faire l'inspection des navires sur la demande des armateurs, comme il la fait quand elle est réclamée par le quart des hommes d'un équipage. L'inspection serait alors provoquée dans un but évidemment assez difficile à définir, et très-variable, auquel le gouvernement ne saurait se prêter; on ne saurait, en effet, voir dans une semblable requête que le désir de se décharger d'une responsabilité qu'un armateur consciencieux doit avoir à cœur d'assumer tout entière ; ce serait aussi sans doute un moyen d'amener l'administration à une ingérence qu'elle n'accepte qu'en cas de nécessité, mais dont elle redoute la généralisation.

Enfin on a tenté d'obtenir une inspection sur les approvisionnements de vivres et de médicaments embarqués par les navires de commerce pour les marins, comme elle se pratique pour les émigrants. De nombreuses épidémies de scorbut, qui ont coûté la vie à bien des hommes, se sont depuis quelques années développées sur les bâtiments avec un redoublement de fréquence, disent les partisans de la mesure proposée, montrant par la façon dont elles disparaissaient dès que le régime des marins était changé, quelles tenaient à l'alimentation qu'ils recevaient à bord. De pareilles constatations les amène à provoquer un système d'inspection, et aussi à demander que le gouvernement s'abstienne à l'avenir de mettre en vente, comme il l'a fait plusieurs fois, des vivres qui, ayant vieilli dans ses magasins, n'étaient plus aptes à être consommés et auraient dû être détruits au lieu d'être vendus; car, achetés alors par des armateurs peu consciencieux et embarqués sur des navires faisant de longs voyages, ils ont pu être employés à la nourriture de marins dont ils ont compromis la santé. Le ministère se défend de mériter le reproche d'avoir ainsi rejeté dans le commerce des vivres avariés, en tout cas, dans l'avenir il veillera à ce que semblable allégation ne puisse être articulée contre lui ; mais il ne saurait accepter même en cette matière la moindre ingérence dans les devoirs des armateurs ; il ne veut leur enlever aucune portion de leur responsabilité; d'ailleurs l'inspection proposée serait d'une pratique difficile, et le plus souvent illusoire.

Toutes ces tentatives de ramener l'inspection obligatoire sous ces formes diverses ayant échoué, on en est revenu à l'examen des mesures propres à assurer, en dehors d'elle, la sécurité tant cherchée. La majorité des Chambres avec le gouvernement s'est, comme nous l'avons dit, ralliée aux mesures édictées l'année dernière, développées et modifiées dans leur application par l'intervention de deux juridictions spéciales créées par cette même loi, et dont nous définirons de suite les attributions. Nous verrons ensuite les décisions qu'elle prend contre ceux qui tentent d'envoyer des navires innavigables à la mer, celles concernant les chargements de grains, les chargements sur le pont, et enfin les navires étrangers.

Court of survey. — La nouvelle loi, après avoir accru les attributions des officiers du *Board of trade,* a tenu à rassurer et à sauvegarder les intérêts des armateurs ; dans ce but, après avoir facilité l'action de ce département, elle offre aux intéressés un appel des décisions qui les concerne, et au lieu d'en laisser le jugement aux tribunaux ordinaires, elle institue une juridiction nouvelle, *Court of survey,* tribunal composé d'une façon plus appropriée aux matières spéciales qu'il a à traiter, et devant lequel la procédure est simplifiée. On y voit en effet, à côté d'un juge, des assesseurs, dont l'un est choisi parmi les personnes les plus compétentes, les plus considérables, sur une liste d'élus du personnel maritime et commercial de la circonscription, tandis que l'autre est désigné par le *Board of trade ;* de plus, dans les cas difficiles, ce tribunal pourra appeler comme arbitre un homme de science et d'expérience dont l'opinion servira de base au jugement à intervenir. Cette sage disposition fait espérer que l'on pourra enfin sortir du cercle étroit dans lequel les règlements du *Board of trade* enfermaient les ingénieurs pour la construction et les aménagements des navires destinés au service des passagers et des émigrants ; jusqu'ici une innovation de la part des constructeurs pouvait motiver le refus du certificat nécessaire à leur destination ; désormais l'appel devant la *Court of survey,* doublé du témoignage de ces arbitres spéciaux, affranchira les armateurs de cette suggestion ennemie du progrès.

L'institution de ce nouveau tribunal, et le mode d'arbitrage qui y est joint, réunit tous les suffrages ; elle établit un appel de toutes les décisions du *Board of trade* devant une juridiction qui semble devoir posséder toutes les conditions souhaitables de compétence. Les partisans eux-mêmes de l'abolition de toute inspection ou surveillance sur les navires, à quelque opération qu'ils se livrent, applaudissent à la jurisprudence à laquelle on les soumet ainsi, ne pouvant leur donner la liberté qu'ils convoitent pour eux.

Wreck Commissionneers. — Depuis longtemps les enquêtes sur les naufrages donnaient lieu à des critiques légitimes ; on attribuait leur inefficacité, souvent constatée, au manque de connaissances spéciales chez le magistrat qui était appelé à les diriger ; puis la position d'accusé, qui était naturellement faite au capitaine, nuisait à la mise en lumière des faits les plus importants à éclaircir. Sur ce dernier point, les efforts de la législation nouvelle auront de la peine à rien changer, parce que, quelles que soient les mesures prises, le capitaine après son naufrage n'en reste pas moins sous le coup d'une suspension de brevet, et par suite ses déclarations échapperont difficilement à la préoccupation qui en résulte pour lui. Ce serait en vain que l'on tenterait de séparer l'action civile de l'action criminelle, de distinguer entre sa responsabilité civile et sa responsabilité criminelle; la pensée de cette dernière interviendrait même à son insu dans les réponses qu'il ferait pendant l'interrogatoire relatif à la première. Mais, en ce qui concerne les magistrats, le gouvernement propose une amélioration basée sur la nomination de fonctionnaires spéciaux, désignés sous le titre de *wreck commissionneers*, qui, en dehors de toute autre fonction judiciaire, auront la mission spéciale de diriger les enquêtes sur les sinistres maritimes. Ils seront au nombre de trois, et constitueront une classe de hauts magistrats doués d'une aptitude toute particulière sur la matière, et toujours disponibles pour intervenir rapidement à la première nouvelle d'un accident, ce qui n'arrivait pas toujours avec les magistrats de police ordinaire, auxquels ces affaires incombent actuellement, mais qui souvent en sont tenus éloignés au moment opportun, qui est quelquefois fort court, par les autres devoirs de leur position. La déposition de ces commissaires sera reçue par les tribunaux comme celle des *receivers of wrecks* l'était sous l'empire des lois anciennes.

Pour la mise en pratique de ces dispositions nouvelles, le gouvernement nommera d'abord un seul commissaire aux naufrages, pour le district de Londres, où il a été reconnu que les magistrats de police ne pouvaient pas s'occuper de ces affaires; puis les deux autres seront nommés à mesure que le nombre des enquêtes à faire l'exigera. Dans les cas de grande importance, ces magistrats se transporteront sur les lieux, mais l'intention n'est pas de remplacer par eux l'action des magistrats locaux, qui ont rendu les plus grands services; des règlements de détail interviendront pour fixer les attributions de chacun dans les enquêtes, de façon à éviter les conflits entre ces magistrats locaux et les commissaires, et pour donner à la procédure les formes les plus propres à conduire à la découverte de la vérité et à assurer aux accusés toutes les garanties de liberté et de temps nécessaires à leur défense.

Les articles relatifs à cette partie de la loi sont votés sans difficulté par les deux Chambres ; toutefois, les partisans de l'inspection obligatoire font remarquer que l'adoption de leur système eût dispensé de toutes ces précautions, puisqu'il consistait à supprimer les causes les plus fréquentes de sinistres, au lieu de rechercher les responsabilités quand les malheurs étaient arrivés. Notons d'ailleurs l'amélioration qui avait, dans ces dernières années, été apportée à la situation. Le nombre des enquêtes faites en 1865 a été de 37, et il est monté à 274 en 1875 ; malgré cela, les plaintes à cet égard n'avaient pas cessé tant à la tribune des Chambres que dans les réunions privées et publiques ; mais il est à croire que ce nombre va s'accroître sous l'impulsion que donnera aux poursuites la création des nouveaux commissaires.

Responsabilité des armateurs, de leurs agents et des capitaines, lorsqu'ils mettent à la mer un navire innavigable. — Le projet du gouvernement, devenu, après longs débats, articles de loi, déclare coupable de *misdemeanour* tout individu qui envoie ou qui tente d'envoyer à la mer un navire innavigable, à moins qu'il ne prouve qu'il a usé de tous les moyens possibles pour s'assurer de sa navigabilité, ou que son envoi à la mer en cet état était raisonnable et justifiable par les circonstances. Cette clause est vivement attaquée, non dans son principe, mais dans sa forme ; elle est l'objet de critiques répétées aux Communes et dans la Chambre des lords, après avoir été la cause des protestations les plus violentes dans les assemblées des associations des armateurs. La loi, dit-on, commence par poser la culpabilité, et c'est à l'inculpé de prouver son innocence ; ce genre de procédure est tout nouveau dans la législation criminelle anglaise, et contraire à l'esprit qui a dicté tous ses procédés ; jusqu'ici l'innocence d'un inculpé lui était acquise tant que sa culpabilité n'avait pas été démontrée. D'autre part, on trouve mauvais que l'inculpé soit appelé à témoigner en sa propre cause ; on craint d'y voir une incitation au parjure provoquée par l'intérêt de sa propre défense. Un homme de mauvaise foi ne craindrait pas d'abuser de cette faculté, tandis qu'il semble que l'homme honorable doive souffrir d'avoir à comparaître ainsi en justice, et surtout il doit redouter de voir sa parole exposée au soupçon. Ces plaintes sont le résultat d'une fausse interprétation des intentions du législateur, qui sont au contraire toutes bienveillantes pour l'armateur. La loi veut en effet qu'après que le fait de l'innavigabilité du navire a été constatée, celui-ci puisse échapper à la culpabilité qui en est la conséquence ; il n'a pas à démontrer son innocence, mais il est admis à se disculper en prouvant

qu'il a rempli ses devoirs, c'est-à-dire qu'il a fait ses efforts pour assurer la navigabilité de son bâtiment. Malgré les négations souvent
répétées, il est facile de montrer que les précédents ne manquent pas
dans ce genre de législation. Ne poursuit-on pas les agents d'une compagnie de chemin de fer après un accident, et ceux-ci ne sont-ils pas
admis à montrer qu'ils ont fait le possible pour conjurer le malheur
survenu? D'ailleurs le *Factory act* de 1844, comme les actes addition-
nels de la marine marchande de 1867 et 1871 et bien d'autres, con-
tiennent des dispositions où le défendeur est appelé à prouver sa non-
culpabilité. Tout homme, au reste, qui a sa responsabilité engagée, s'est
toujours montré jaloux de venir la dégager dans un débat public; et il
n'a jamais paru que son honorabilité ait éprouvé la moindre atteinte
de cette comparution en justice. Le capitaine d'un bâtiment de guerre
qui a perdu son bâtiment ne doit-il pas venir se défendre devant une
cour martiale? Celui d'un navire de commerce est appelé dans le même
cas à rendre compte de sa conduite devant le tribunal pour conserver
son brevet; pourquoi l'armateur serait-il exempté de justifier de la
façon dont il a rempli ses devoirs dans l'armement de son navire? Il
n'y a donc rien que de fort juste dans les exigences de cette nouvelle
loi, qui recherche toutes les responsabilités pour les atteindre, quelle
que puisse être la cause de l'innavigabilité.

Ligne de charge. — Le nouveau bill ne fait à ce sujet que reproduire
les dispositions de celui de l'année dernière, en les rendant définitives;
toutefois il y joint une sanction: une amende sera infligée à l'armateur
qui après avoir tracé une ligne de charge l'immergera par un excès de
chargement.

À propos de cette question, comme sur la plupart des autres, le principe de la libre responsabilité des armateurs, adopté par le gouvernement, fut vivement attaqué; mais il avait pour lui le bon fonction-
nement, reconnu pendant plusieurs mois, de la loi provisoire qu'il
s'agissait simplement de rendre définitive; les rapports reçus de toutes
les parties du royaume étaient unanimes pour lui rendre justice, aussi
le projet fut-il voté sans trop de difficultés. On signalait à peine quelques tentatives isolées d'armateurs qui avaient essayé d'éluder les intentions de la loi, et de la rendre illusoire en marquant la ligne de charge
dans une position absurde; mais ils trouvèrent bientôt que ce jeu ne
réussissait pas à leur gré, et ils y renoncèrent, car en cas de sinistre
les assureurs ne manquaient pas de s'informer si la ligne de charge

n'avait pas été immergée, et d'ailleurs toute immersion de cette ligne de charge donnait aux équipages le droit de réclamation et de rupture d'engagement.

A ce résultat positif ne s'est pas arrêtée la sollicitude du gouvernement ; toujours désireux d'établir des règles équitables, il a repris, pour en soumettre les résultats aux Chambres, les recherches relatives à la détermination uniforme des lignes de charge ; mais une commission composée des délégués les plus compétents des comités du *Lloyd*, des *London's* et *Liverpool's registers*, et du *Board of trade*, a déclaré que dans l'état actuel de la science il était impossible de donner une solution. Chaque navire considéré dans ses formes, son âge, son état de réparation ; chaque traversée, chaque saison, chaque chargement font entrer dans les éléments du problème des données dont la mesure ne saurait se chiffrer, et rendent le résultat impossible à formuler. La surcharge conserve donc son caractère indéterminé et reste une affaire d'appréciation à l'égard de laquelle la loi définitive adopte les termes de la loi provisoire de 1875. Cependant elle en diffère en ce qu'elle étend la détention pour surcharge, par les officiers du *Board of trade*, aux navires étrangers sortant des ports anglais. Quant à ce qui est du vague qui existe encore sur la position d'une bonne ligne de charge, les armateurs consciencieux déclarent qu'il existe plus dans la théorie que dans la pratique ; une fixation mathématique est impossible, mais à leurs yeux l'homme du métier peut toujours arriver, pour les navires qu'il connaît, à tracer une ligne de charge maximum raisonnable, dont on devra s'écarter dans certains cas faciles à prévoir. En cette matière, du reste, l'opinion publique a un sens assez exact, et sa pression exercera une action assez salutaire sur la conduite des armateurs.

La sanction pénale portée contre les armateurs qui tenteraient de naviguer avec une ligne de charge immergée est une innovation qui n'existait pas dans le projet du gouvernement ; elle a été introduite au cours de la discussion, sous forme d'amendement, pour renforcer par une action directe la sanction indirecte qui se trouvait dans le bill de l'année dernière et que le ministère avait trouvée suffisamment grave, puisque, considérée comme motif de rupture de contrat, l'immersion de la ligne de charge exposait l'armateur aux réclamations des assureurs et des équipages.

Chargements de grains. — En cette matière, les dispositions provisoires de l'année dernière sont réédités presque textuellement ; le chiffre de l'amende contre les contrevenants a seul été légèrement augmenté. Les discussions sur ce paragraphe, quoique peu étendues, ont eu le même caractère que pour les autres. Les mesures restrictives étaient toujours soutenues. Leur principal objet était la définition exacte des moyens à employer pour empêcher les grains de glisser d'un bord à l'autre. On réclamait la construction de cloisons longitudinales complètes, en bois d'épaisseur déterminée, dans tous les navires chargés de grains ; c'eût été la condamnation à bord des navires en fer d'un genre de liaison nouvellement usité et très-efficace, qui consiste justement en une cloison longitudinale de ce genre, mais en fer, et du reste la condamnation de toute amélioration dans l'arrimage des cargaisons de ce genre ; puis la substitution toujours repoussée de la responsabilité de l'administration à celle de l'armateur ; aussi l'amendement a-t-il dû être retiré, quoiqu'à l'appui de son dire M. Plimsoll ait pu citer l'exemple du Canada, où l'adoption d'une règle semblable à celle qu'il proposait a fait baisser de 50 p. 100 le taux des assurances sur les chargements de grains. Il est bien établi d'ailleurs que la loi de l'année dernière a eu les meilleurs effets : on n'a eu à déplorer que fort peu de sinistres parmi les navires tant à voiles qu'à vapeur qui sont venus chargés de grains d'Amérique ou de la mer Noire, alors que, dans les années précédentes, ce commerce avait causé tant de désastres dans le golfe de Gascogne et dans quelques autres parages. On reconnaît donc qu'il n'est besoin de rien y changer, il faut seulement que l'administration prenne les dispositions nécessaires pour en assurer la fidèle exécution. A l'étranger, il faudrait qu'elle ait dans les ports de chargement des agents de surveillance investis de pouvoirs suffisants pour faire observer les prescriptions de la loi ; ce premier point est difficile à mettre en pratique, mais du moins ces agents pourraient agir sinon par contrainte du moins par la persuasion, puis enfin signaler les navires mal chargés, qui seraient alors l'objet d'une visite à leur arrivée. Les consuls seraient chargés du soin de rechercher les personnes susceptibles de cet emploi, et d'assurer leur accès à bord des navires anglais. Dans beaucoup de ports l'entretien d'un pareil employé ne serait pas onéreux, dans quelques-uns cependant, à Taganrog, par exemple, il serait très-dispendieux. A l'intérieur, les instructions sont précises, et leur pratique facile : l'inspection des navires qui n'ont pas été visités au port de chargement, de ceux qui auraient été signalés de ces ports comme mal chargés, de ceux enfin qui ont fait des avaries, suffirait sans difficulté possible pour assurer l'exécution de la loi par tous les navires portant leurs cargaisons dans les ports anglais. La loi ne permet pas encore d'atteindre ceux qui naviguent de port étranger à port étranger. Signalons enfin, pour clore tout ce qui a été dit sur ce sujet, la tentative faite d'imposer la nouvelle législation aux navires de toutes les nations portant des grains dans les ports anglais ; la motion a été repoussée comme inapplicable dans l'état actuel des relations internationales, mais elle est de celles pour la généralisation desquelles des négociations seront ouvertes avec les pays commerçants.

Chargements sur le pont. — Il y a unanimité pour reconnaître les dangers que la plupart des chargements portés sur le pont font courir aux bâtiments qui en sont chargés ; de nombreux sinistres leur sont incontestablement dus chaque année. On admet toutefois de grandes distinctions à faire parmi ces chargements, même quant aux dangers auxquels ils exposent les navires. Il est d'abord certaines grandes pièces de machines, certaines machines agricoles, dont le transport est très-actif dans les ports de la mer du Nord, qui ne peuvent être portées que sur le pont ; puis les bestiaux et la viande ne sauraient, sans de grands inconvénients, être placés à l'intérieur des navires, à moins qu'ils ne soient d'une construction spéciale. Ces derniers ne constituent pas d'ailleurs un danger pour les bâtiments, la surcharge qui en résulte ne peut les mettre en péril ; les chargements dangereux dont l'opinion publique se préoccupe, ce sont les chargements de bois ; ceux-là, en hiver, dans les traversées de l'Atlantique surtout, sont depuis longtemps l'objet de graves préoccupations : interdits autrefois, ils ont dû être de nouveau autorisés, tant à cause des moyens périlleux par lesquels on éludait les règlements faits à leur égard, qu'à cause des avantages que ces derniers donnaient à la concurrence étrangère. On s'est livré à de longs débats pour savoir si le nombre des sinistres avait été influencé par la levée de cette interdiction ; mais, en dehors de toutes les arguties auxquelles ont prêté les chiffres de la statistique, tout le monde a reconnu, les armateurs eux-mêmes, que la traversée de l'Atlantique en hiver était dangereuse pour les navires ayant un chargement de bois sur le pont ; ces derniers maintiennent cependant qu'une interdiction mise sur le commerce côtier serait une entrave inutile mise à leurs opérations. D'ailleurs beaucoup de compagnies d'assurances inscrivent dans les conditions de leur contrat qu'aucun chargement ne sera pris sur le pont pendant l'hiver ; ce fait doit être un témoignage caractéristique contre les chargements de pont.

Il y a donc lieu d'établir certaines prohibitions sur les usages dangereux sans être nécessaires : cette restriction dernière vise principalement le transport des machines agricoles, objet d'un commerce important entre l'Angleterre et les ports de la Baltique, mais incapable de supporter les frais d'emballage que lui imposerait l'obligation d'un arrimage intérieur. La simple surveillance des officiers du *Board of trade* devra arriver à la sécurité de ce genre de transit, en faisant usage de la faculté que lui donne la loi d'arrêter les navires improprement chargés.

Toutes réserves faites quant à la surveillance à exercer et aux prohibitions à prononcer, il importe de faire rentrer les chargements sur le pont dans les conditions de tout autre chargement quant aux taxes dont la loi commune frappe les transports, ce qui n'existait pas jusqu'à ce jour, et ce qui constituait comme une prime à eux accordée. En effet, les droits de tonnage n'atteignaient point tout ce qui était porté à découvert sur le pont; ils s'appliquaient simplement à ce qui était renfermé dans la capacité de la carène mesurée sous pont; il n'est qu'équitable d'y ajouter le volume exactement mesuré qu'occupe la portion de chargement ajoutée sur le pont; c'est ce que fait le projet de loi proposé par le gouvernement: il applique, il est vrai, cette mesure aux navires étrangers comme aux navires anglais, mais il ne fait rien de plus.

L'opinion n'est point satisfaite, la proposition est trouvée tout à fait insuffisante, et les amendements nombreux demandent des restrictions plus complètes. Les plus absolus veulent l'interdiction absolue de tout chargement sur le pont ; mais, pour dépasser son but, cette proposition dut être retirée presque sans discussion : sa mise en pratique eût d'ailleurs présenté de grandes difficultés; aisée pour les navires qui chargeraient dans les ports anglais, elle ne pourrait être appliquée à ceux venant du dehors qu'en leur refusant l'accès de ces ports ; c'était du moins une des sanctions proposées, mais elle consistait tout simplement à renvoyer à la mer, affronter les risques d'un nouveau voyage, les marins qui, sur un navire réputé dangereux, venaient d'échapper aux périls d'une première traversée. Alors on proposa de frapper de taxes prohibitives les navires qui entreraient dans de semblables conditions ; c'était associer ensemble des mesures de police et des dispositions fiscales. Le gouvernement s'y montra opposé, et la majorité lui donna raison. On en revint alors à l'idée de remettre au *Board of trade* le soin de permettre ou d'autoriser les chargements sur le pont selon qu'il le jugerait convenable et opportun ; c'était ramener l'ingérence de l'administration dans les affaires particulières des armateurs, et opérer dans les responsabilités un déplacement que le gouvernement a toujours repoussé. Peu à peu les amendements trop généraux et trop étendus restreignent leur portée aux chargements de bois, à la saison d'hiver et même aux traversées transatlantiques ; puis on examine la loi récemment mise en vigueur au Canada, qui, dans la mauvaise saison, défend de charger à plus de trois pieds au-dessus du pont et fait des prohibitions pour certaines essences de bois particulièrement lourdes. De semblables mesures reçoivent un meilleur accueil sur les bancs de la Chambre, mais on ne les trouve applicables que si tous les pavillons y sont soumis. Pour ce commerce, en effet, les Anglais, même chez eux, ont de terribles rivaux : l'Amérique et la Norwége surtout font la grosse part des importations de bois dans les ports de l'Angleterre. Ainsi, sur 1,107 navires qui, en 1875, entrèrent chargés de bois dans les ports anglais, 853 étaient Suédois et Norwégiens ; et dans la période de six mois, comprise entre le 1er octobre 1875 et le 1er avril 1876, le port de Londres reçut 268 navires norwégiens et 41 suédois portant la même cargaison. On conçoit les inquiétudes que cause une pareille situation dans le monde des affaires, mais le gouvernement ne peut décider si promptement le parti qu'il doit prendre dans une question qui touche les relations extérieures toujours si délicates ; comme il l'a fait pour les questions de surcharge et de chargement de grains, il se retire derrière l'impossibilité d'une réponse immédiate. Toutefois la solution à donner à la question, en ce qui touche les navires anglais, se trouvant intimement liée par l'opinion générale à la décision qui pourra être prise à l'égard des navires étrangers, le Ministre est vivement engagé à fixer la ligne de conduite qu'il veut tenir avant la rédaction du rapport ; et en cette séance du 24 avril, la discussion est suspendue sans avoir amené d'autre résultat que le vote du projet du gouvernement relatif au droit de tonnage à lever sur les chargements de pont, la question restant réservée quant à sa solution complète.

Le 1er mai, le ministère présente à la Chambre des communes une clause calquée sur celle de la loi canadienne, interdisant pendant l'hiver les chargements de bois s'élevant à plus de trois pieds au-dessus

du pont, tant aux navires étrangers qu'aux navires anglais, et imposant une amende de cinq livres sterling pour chaque cent pieds cubes
de bois excédant cette hauteur, le maximum de la peine ne pouvant
dépasser cent livres. Un long débat s'élève sur une proposition si peu
attendue de la part du gouvernement; l'application aux navires étrangers, venant commercer dans les ports anglais, de règlements relatifs
à des chargements pris dans des eaux non soumises aux lois du
royaume, paraît un peu exorbitante; on craint le mécontentement
qu'elle fera naître dans les autres pays et les représailles qu'elle pourrait provoquer contre le commerce anglais; puis la question de faire
payer une amende à des étrangers semble grosse de difficultés; exercer
contre eux une contrainte semble une affaire bien épineuse; aussi
quelques membres reviennent-ils à la levée de taxes de douanes prohibitives sur les cargaisons portées sur le pont, mais cette idée est repoussée encore par les raisons ci-dessus énoncées, tandis que d'autres
reprennent la thèse de la prohibition complète des chargements de
bois sur le pont, et le vote émis à cet égard ne donne à la clause du
ministère qu'une faible majorité de neuf voix. On voit par là le progrès
que faisait dans l'esprit de tous le principe de la prohibition, qui devait triompher à la Chambre des communes le jour de la discussion
en troisième lecture, où il réunissait une majorité de 19 voix, malgré
la résistance du ministère, qui voyait de grands avantages à soutenir le
principe de la loi canadienne, tant à cause de ses relations avec le gouvernement colonial, qu'à cause du profit qu'il faisait ressortir de l'unité
de législation entre ses ports et ceux de l'un des principaux pays pro-
ducteurs.

Toutefois, en présentant le bill ainsi amendé à l'approbation de la
Chambre des lords, le président du *Board of trade* décline toute responsabilité à l'égard de cet article, et la Chambre haute, non moins
préoccupée que lui des difficultés que ces mesures peuvent faire surgir
avec les nations étrangères et aussi avec les colonies, revient sur cette
décision. D'une part, en effet, le *Foreign Office* a reçu une protestation
du gouvernement suédois qui, fort courtoise dans la forme, n'en insiste
pas moins pour le rejet de l'amendement de M. Plimsoll et l'adoption de
la loi canadienne. D'autre part, le Canada, l'un des principaux intéressés dans cette question, est l'objet de préoccupations assez vives : sa
marine a pris depuis quelques années une extension immense qui,
comme tonnage, lui donne peut-être le quatrième rang parmi les na-

tions commerçantes, au grand profit et honneur du pavillon anglais qui couvre ses bâtiments ; mais on craint qu'en présence d'une loi trop vexatoire ses armateurs ne se réfugient sous pavillon américain ; on veut d'ailleurs éviter tout conflit avec un gouvernement colonial ; de sorte qu'à tous égards, le moyen terme adopté par le *Board of trade*, en copiant la législation canadienne, semble habile et sage et est voté par la Chambre des lords qui rejette ainsi l'amendement admis par les communes. Ces dernières, renonçant à tout débat nouveau quand la loi modifiée par la Chambre haute leur est représentée, ne font que sanctionner cette décision, de sorte qu'en fin de compte les chargements de bois pendant l'hiver restent interdits aux navires anglais et étrangers quand ils dépassent une hauteur de trois pieds.

Application aux navires étrangers des lois relatives à la navigabilité. —Nous avons signalé, l'année dernière déjà, l'émotion qu'éveillait dans le monde commercial la perspective de réformes qui, faites dans le but d'assurer la sécurité de la navigation, revêtaient un caractère restrictif à l'égard des navires anglais, et donnaient par suite un avantage aux rivaux étrangers qui en restaient exempts. Cette impression ne fit que grandir dans l'intervalle des deux sessions, et à l'approche de débats qui devaient asseoir définitivement la législation du pays en cette matière, la question fut traitée sous tous ses points de vue par la presse, dans les réunions des associations d'armateurs et dans les assemblées privées et publiques ; de tous côtés on fit ressortir ce qu'aurait de dangereux pour la fortune commerciale de l'Angleterre une législation qui, sous prétexte de donner la sécurité aux marins, accorderait une prime aux armateurs étrangers et ruinerait ceux du pays. Des lois de navigabilité, pour être complètes et efficaces, devaient avoir une certaine extension qui n'était supportable par la marine marchande anglaise que si elles étaient appliquées aux étrangers qui venaient commercer dans les ports du royaume ; ces bâtiments, d'ailleurs, n'enrôlaient-ils pas souvent dans leurs équipages des sujets anglais, ne portaient-ils pas des marchandises appartenant à des négociants britanniques, et venant faire concurrence aux navires anglais pouvaient-ils trouver mauvais qu'on les soumît au même traitement que ces derniers ? Tels étaient les arguments par lesquels on pressait le gouvernement d'étendre à tous indistinctement les réformes qu'il préparait pour la marine nationale ; ce ne fut cependant que progressivement et pied à pied pour ainsi dire qu'il fit, comme nous l'avons vu, des concessions sur la question de la surcharge et sur celle des chargements de bois. Toutefois, l'impossibilité seule l'empêcha d'aller plus loin dans une voie où il n'était pas seul intéressé et où il devait tenir compte des dispositions des nations étrangères. Ses hésitations, largement partagées par l'opinion des Chambres et du public, étaient parfaitement justifiées par la crainte de mécontenter des nations amies; mais s'il ne passa pas outre d'une façon immédiate, il témoigna de la manière large et élevée dont il envisageait la question par la rédaction d'une clause additionnelle qui donne le droit à la reine d'appliquer, par une simple ordonnance royale, tel article qui lui plaît, de la nouvelle loi aux navires de telle ou telle nation dès que les négociations nouées dans ce but avec cette dernière le permettront. Or, d'un côté, le gouvernement britanique a reçu de plusieurs gouvernements des témoignages de sympathie et d'adhésion pour les efforts qu'il faisait pour l'amélioration du sort des marins ; d'un autre, il a déjà, croit-on, fait des ouvertures à certaines puissances pour arriver à quelques conventions permettant de généraliser les mesures humanitaires qu'il a prises ; de sorte qu'il est impossible de douter qu'on ne soit à la veille d'un mouvement commun auquel toutes les nations commerçantes sont conviées et auquel elles seront toutes appelées à s'associer tôt ou tard.

La procédure à suivre à l'égard des navires étrangers coupables de contravention ou soumis à la détention est un peu différente de celle en usage contre les navires anglais : le consul de la nation à laquelle appartient le navire est l'intermédiaire naturel par lequel les notifications sont transmises; dans le cas de détention pour surcharge, le consul peut demander une visite faite simultanément par l'officier du *Board of trade* et un expert désigné par lui ; et si ces deux arbitres ne peuvent se mettre d'accord, l'affaire est transmise à la *Court of survey,* près de laquelle le consul est autorisé à nommer un des assesseurs.

Certificats. — Parmi les obligations imposées depuis longtemps par les actes de 1854 et suivants, relatifs à la marine marchande, aux navires anglais et étrangers faisant dans les ports anglais le service des passagers et des émigrants, figurait en première ligne l'obtention d'un certificat délivré par le *Board of trade* après une inspection du navire dans sa coque, ses machines et ses approvisionnements. Un certificat particulier était exigé pour chaque affectation différente du navire, selon que chacune d'elles était régie par un article différent des actes sus-énoncés; de sorte que, dans certains cas, les navires étaient forcés de se pourvoir de plusieurs certificats. L'acte qui vient d'être voté les exonère à l'avenir de cette charge multiple; la possession d'un certificat les dispense d'en réclamer un second.

De plus, les gouvernements des possessions britaniques sont autorisés à inspecter les navires à passagers et à émigrants, et à leur délivrer des certificats qui auront la même valeur que ceux délivrés par le *Board of trade*, toutes les fois que celui-ci se déclarera satisfait des garanties offertes par les autorités locales qui auront donné ces certificats, et qu'une ordonnance royale aura approuvé et sanctionné cette déclaration.

Enfin, les garanties de sécurité imposées à tous les navires paraissant largement augmentées par les mesures contenues dans le nouvel acte, on autorise tout navire à vapeur à prendre des passagers jusqu'au nombre de 12 sans être obligé de se munir d'aucun certificat. Cette clause libérale aura, pense-t-on, pour effet de permettre aux ingénieurs de mettre en pratique dans la construction d'une classe de navires extrêmement nombreuse des améliorations que chaque jour les progrès scientifiques et industriels rendent faciles, sans danger aucun, mais dont l'application était impossible à bord de tout navire qui, sans faire un service spécial de passagers, ne voulait pas s'interdire d'en prendre quelques-uns si l'occasion s'en présentait, et qui, pour ce cas, devait se maintenir dans les limites des prescriptions imposées par le *Board of trade* pour l'obtention d'un certificat.

Frais et dépens. — La loi s'est efforcée de se montrer aussi libérale que possible en réglant la question des frais et dépens que son application entraînera surtout dans le cas de détention; toutefois, en présence d'une législation qui peut tenir en suspens de grands intérêts, elle a dû s'attacher à sauvegarder le Trésor; en outre, en effet, des frais de justice se place, la question des indemnités, qui seront fort élevées quand il s'agira de cargaisons détenues sans motifs suffisants, dont le départ aura été retardé quelquefois assez longtemps par suite de l'intervention de la *Court of survey*. Les frais sont dus naturellement par les armateurs toutes les fois que la détention est justifiée; mais quand elle n'est pas motivée, ils tombent à la charge du *Board of trade*, ainsi que les indemnités qui peuvent être réclamées par les parties injustement lésées; la loi a établi cependant qu'il en serait exonéré s'il était démontré qu'il existait des motifs raisonnables de supposer l'innavigabilité, ou dans le cas où la détention aurait été provoquée par des plaintes et des réclamations. Dans ces dernières conditions, les dépenses seront imputées aux plaignants, qui ont dû donner caution pour elles. Dans un cas seulement cette caution n'est pas requise : c'est lorsque la réclamation émane du quart de l'équipage, ainsi qu'il est prévu dans les premiers paragraphes. Cette disposition libérale de la loi en faveur des marins exige cependant que la plainte qui est faite par eux n'ait pas un caractère vexatoire ou une apparence de légèreté qui fasse penser qu'elle n'est pas sérieuse ; car alors les officiers du *Board of trade* devraient exiger le dépôt de la caution ; il importe, en effet, que les intérêts des armateurs soient défendus contre des réclamations déloyales et de pure fantaisie, telles que pourraient en imaginer des hommes malintentionnés ou simplement dans un état les privant d'une partie de leur raison. Ici se termine l'étude des mesures votées ; nous allons maintenant dire quelques mots des questions qui restent pendantes.

II.

Bon nombre de sujets, nous l'avons dit, après avoir agité l'opinion et avoir été touchés dans la discussion des Chambres, ont été réservés soit pour un complément d'études, soit dans la pensée de ne pas détourner du but principal que le *bill* proposé avait en vue un temps qui était nécessaire pour en assurer le vote pendant la session. Quelques-uns d'entre eux, déjà discutés tant aux Chambres que dans les réunions et comités d'armateurs ou autres assemblées, sont mûrs pour une solution qui leur est promise à courte échéance ; et les amendements dont ils ont été l'objet à la Chambre des communes n'ont été retirés que sur l'engagement pris par le ministère de préparer un *bill* spécial concernant chacun d'eux. Le gouvernement d'ailleurs préfère avec raison une loi particulière sur chaque objet particulier ; il trouve une plus grande facilité à les faire passer, et une plus grande réalité dans les votes ainsi recueillis, n'ayant pas à redouter les unions d'oppositions partielles qui, faibles sur chaque question, deviennent puissantes dans les votes d'ensemble.

Nous allons donc dire quelques mots des débats auxquels ont donné lieu les reformes demandées au sujet de la discipline des marins et des *advance-notes*, du recrutement des marins et des *training ships* ;

enfin viendra l'étude d'un projet déjà mis en avant par le gouvernement sur les assurances maritimes.

Discipline des marins. Advance notes. — Le problème posé par le maintien de la discipline à bord des bâtiments de commerce est un objet de vives préoccupations. Chaque jour on est amené à constater des faits d'indiscipline, d'insubordination que la loi est impuissante à réprimer ; et l'autorité, trop peu soutenue par suite par les magistrats, voit ses forces s'épuiser sans pouvoir rester maîtresse d'un terrain où il lui faut cependant une puissance incontestée ; de tous côtés, on sent la nécessité de soutenir et d'accroître l'autorité des capitaines en assurant aux délits une répression qui, dans l'état actuel de la législation, leur fait trop souvent défaut. Ainsi, d'une part, nécessité d'asseoir sur une base plus solide les pouvoirs du capitaine ; de l'autre, vive sollicitude à l'égard des marins dont on veut améliorer le sort en les affranchissant des charges qui ne sont pas nécessaires au maintien de l'ordre à bord, et en les soustrayant aux usages dont l'influence démoralisatrice est établie, comme celui des *advance-notes*, appât donné aux embaucheurs qui exercent une si déplorable action dans l'existence du marin.

On demande en général l'abolition, en faveur des marins, des lois d'exception dont ils sont l'objet, et leur assimilation avec les autres artisans, en particulier en ce qui concerne leurs relations avec leur armateur. Ce que la loi actuelle vise sous le nom de désertion, et réprime sévèrement, est, dit-on, une simple rupture de contrat, telle qu'elle est prévue par le *Labourer's act* de l'année dernière, tant qu'elle n'a compromis ni la vie d'aucun homme ni la conservation des biens du propriétaire, et définie par le *Conspiracy act* de la même année, s'il en est résulté dommage dans la vie ou dans la propriété d'autrui.

La désertion a été, dans ces dernières années, l'objet d'une sévérité sans cesse croissante ; punie en 1835 d'un emprisonnement de 30 jours seulement, elle expose aujourd'hui le marin à trois mois de la même peine. De plus, depuis 1851 l'armateur et le capitaine ont le droit de le faire rechercher et arrêter sans garantie et de le juger eux-mêmes, s'il n'existe pas de juge dans la localité, même dans une colonie anglaise, où la législation locale ne prévoit bien souvent pas de pareilles sévérités. Puis le marin est remis de force à bord. Ces conditions d'exception et de sévérité inutiles, disent les auteurs des amendements en ce sens, sont défavorables à la fois à la profession maritime, sur laquelle

elles jettent la défaveur, et aux armateurs dont elles peuplent les
navires d'hommes mécontents et prévenus qui n'accomplissent plus
leurs devoirs que de mauvais gré et à contre-cœur. En effet, dès le
moment où le marin a contracté un engagement, il est irrévocablement
lié ; un retard, une absence, l'exposent à la prison ; il ne s'appartient plus,
il est sans cesse sous le coup des sévérités de la loi ; et s'il tente de rompre ce lien, il est ramené de force et part contre son gré. Ne serait-il
pas bien préférable pour l'armateur, au lieu d'avoir ainsi des hommes mal
disposés dans son équipage, de laisser rompre une chaîne qui ne lui
fournit que de mauvais serviteurs, naturellement toujours prêts à l'insubordination et à la révolte, et de les remplacer par de nouveaux
enrôlés pleins de bonne volonté et de bonnes dispositions ? La discipline à bord des navires gagnerait plus à ce système qu'à l'application
des moyens de contrainte les plus puissants. On ajoute enfin que cet
emprisonnement, par lequel les marins sont tenus après leur engagement, est la sanction qui sert de garantie aux armateurs pour les
avances qu'ils font aux marins ; et que si ce droit exorbitant disparaissait,
la classe néfaste des embaucheurs et l'usage si vivement critiqué des
advance-notes disparaîtraient d'eux-mêmes avec lui.

À tous ces arguments on oppose qu'à bord le danger succède si
rapidement à la sécurité, qu'il serait bien difficile de spécifier la limite
à partir de laquelle la désertion cesserait d'être criminelle. Le bâtiment
en armement ou en chargement est mouillé dans un port, dans une
rivière, sur une rade, dont les uns sont toujours parfaitement sûrs,
tandis que les autres ne le sont qu'à certains moments ; comment dès
lors déterminer le point à partir duquel la juridiction civile à laquelle
on veut rattacher les marins perdra sa compétence ? Il est d'ailleurs un
moment où le navire est en partance, et où l'absence des hommes de
son équipage met en souffrance les intérêts les plus graves en retar-
dant le départ ; or les actes sus-énoncés ne donnent aucune compensation
aux chargeurs et armateurs pour les pertes qu'ils vont éprouver ? Et
puis examinons un peu la position du marin : si la loi a à son égard
des exigences exceptionnelles, ne le couvre-t-elle pas par ailleurs d'une
sollicitude qu'elle ne témoigne qu'à lui ? Ses gages sont l'objet d'un
privilége ; puis elle veille sur le logement qui lui est donné, sur la
nourriture, les soins et les médicaments qui lui sont fournis en cas de
maladie, sur son rapatriement en cas de débarquement à l'étranger,
sur la sécurité de sa navigation, puisque non contente de se préoccu-

per de la navigabilité des navires en général, elle prescrit l'inspection des navires signalés comme dangereux par une portion de leurs équipages. La voie dans laquelle on entrerait en cédant au vœu émis pour l'application aux marins des *Labourer's acts* conduirait à un abîme où courrait grand risque de sombrer le peu de discipline existant encore sur les navires ; or, il ne faut pas perdre de vue que le maintien absolu de l'obéissance et de l'ordre à bord des navires est le gage le plus important dont on doive s'assurer si on veut la sécurité de la navigation. Nous l'avons dit, de tous côtés des plaintes s'élèvent contre le mauvais esprit des équipages ; et l'agitation, que les débats parlementaires ont provoquée dans le public, est arrivée à bord des navires, où elle a eu la plus fâcheuse influence. L'obéissance absolue et passive, nécessaire à bord, est mise en échec par le droit de réclamation accordé aux marins contre l'armateur en matière d'innavigabilité ; l'effet en est parfaitement ressenti et signalé par les capitaines. Que sera-ce si on touche à tout l'édifice législatif qui règle les rapports du marin et de ceux qui l'emploient ? Ces questions sont graves ; le ministère ne nie pas la nécessité de réformes, mais il insiste à la fois pour la prudence sur un tel sujet, et pour le renvoi de ces questions à une session prochaine, afin de ne pas retarder le vote sur les mesures ayant la navigabilité pour objet.

Recrutement des marins. — Training ships. — Nous avons dit les plaintes unanimes qui d'une extrémité à l'autre du royaume s'élèvent contre les marins qui composent les équipages de la marine marchande anglaise ; il y a tout à la fois pénurie de sujets et incapacité dans le nombre restreint de ceux dont on dispose. L'inconduite et l'indiscipline, comme le manque d'aptitude professionnelle des marins, sont la cause de récriminations nombreuses qui, parties des comités locaux d'armateurs et des chambres de commerce, ont trouvé de l'écho jusque dans les Chambres du Parlement. Le fait est qu'actuellement la marine marchande britannique emploie environ 202 000 marins ; on a calculé que son renouvellement constant nécessiterait l'enrôlement annuel de 16,000 sujets nouveaux. Il y est pourvu actuellement par deux sources : l'apprentissage et les *training ships* ; mais à elles deux elles ne peuvent donner plus de 7,000 recrues, et pour le complément, 9,000 environ, on doit les demander à une catégorie de gens sans professions, souvent sans aveu, qui portent sur les navires les habitudes de paresse et d'inconduite qu'ils ont contractées dans leur vie passée; les marins étrangers viennent ensuite en grand nombre combler les vides, et ils ne forment pas, tant s'en faut, l'élite de cette masse d'hommes; si leur concours est souvent recherché par les armateurs, ce n'est certes pas à cause de leurs habitudes de bonne conduite, mais parce que beaucoup d'entre eux, tout en étant assez bons marins, se contentent de salaires moins élevés que ceux exigés par les Anglais. D'un autre côté, un fait bien caractéristique vient d'une façon palpable donner la mesure de la valeur de ces équipages : sur les 202 000 marins montant les navires anglais, 33,000 à peine ont le titre de *able bodied seamen*; c'est-à-dire qu'en moyenne il n'y a pas deux bons matelots par navire anglais. La situation, on le voit, n'est pas satisfaisante ; on propose pour y remédier de pousser d'une part au développement de l'apprentissage, et de l'autre de multiplier le nombre des écoles flottantes appelées *training ships*.

On a cherché, dans ces dernières années, à encourager l'apprentissage sur les navires à voiles; mais il semble que les résultats n'aient pas répondu aux espérances qu'on avait fondées sur ce système d'éducation maritime, et on signale beaucoup de désertions parmi ces jeunes apprentis qui, ayant acquis une certaine connaissance de leur métier et rendant les services de marins, ne reçoivent que la paye d'apprentis alors qu'il leur semble que leur travail vaut davantage. Quant aux jeunes gens provenant des *training ships*, beaucoup d'entre eux font de très-bons serviteurs, et cette institution prouve, par les résultats qu'elle a fournis, qu'elle mérite d'être encouragée. On lui a fait le reproche d'être très-onéreuse. Le fait est que le prix d'entretien de chaque sujet, très-différent pour chacune des écoles et variant de 22 ou 23 livres à près de 40 par année, est en moyenne très-élevé ; puis on lui reproche de faire des frais pour des jeunes gens qui abandonnent la profession maritime en quittant les écoles, et enfin de donner encore beaucoup de déserteurs parmi ceux qui consentent à embarquer. Ces deux dernières insinuations ont été fort exagérées, et de nombreux témoignages attestent les éminents services que ces institutions ont déjà rendus à la marine; aussi pense-t-on ne pas devoir se laisser arrêter par la considération de dépenses. Les intérêts supérieurs de la prospérité commerciale du pays et de sa puissance maritime lui commandent de passer outre et d'assurer le développement d'une pépinière de marins nécessaires à sa fortune en temps de paix, comme à sa sécurité en temps de guerre. A ce double titre, l'Amirauté d'une part, des associations maritimes et commerciales d'autre part, devraient unir leurs efforts pour multiplier ces écoles dont le nombre devrait être au moins doublé en se répandant sur tout le littoral du royaume. Il semble qu'en Angleterre, où tant de bourses sont prêtes à s'ouvrir pour les œuvres généreuses et patriotiques, il ne doive pas être difficile de faire un premier fonds de création qui permettrait ensuite à ces institutions de vivre sans imposer de trop lourdes charges aux *shipping offices*, qui paraissent tout désignés pour la direction de ces écoles dans les centres maritimes où elles seraient placées. Après la souscription viendrait une taxe volontaire, de trois ou six deniers par tonne par exemple, que les armateurs payeraient soit annuellement pour chacun de leurs navires, soit à l'engagement de leurs équipages. On a calculé qu'une taxe de six deniers fournirait une somme de 75,000 livres sterling, ce qui, en supposant que l'entretien de chaque enfant coûte 25 livres par an, fournirait à l'instruction de 3,000 sujets sur les nouveaux *training ships* qui seraient fondés. Pour sa part contributive dans une pareille œuvre, l'Amirauté ne pourrait faire moins que de donner d'anciens navires de guerre, qui, hors d'état pour le service actif, seraient excellents pour cet usage. Il serait d'ailleurs fort à désirer qu'un bâtiment léger fût annexé à chacune de ces écoles, afin que les jeunes gens puissent être de temps en temps conduits à la mer, et soient mieux familiarisés avec la vraie navigation ; les anciens *training ships*, dont les traditions peuvent servir de bases aux fondations nouvelles, laissaient à désirer sous ce rapport.

Quant au recrutement des sujets, il est facile : il ne manque pas d'enfants malheureux dans les faubourgs populeux des grandes villes, qui, à charge à des familles pauvres, trouveraient sur ces navires un asile contre la misère et les maux qu'elle engendre. A ce titre, le développement des *training ships* serait une œuvre humanitaire et philanthropique au premier chef : elle soulagerait des familles obérées, donnerait une profession honnête et préparerait une vie laborieuse à des enfants que la détresse et le défaut de direction eussent peut-être jetés dans les rangs des ennemis de la société ; enfin elle alimenterait cette pépinière d'hommes de mer indispensables à l'Angleterre tant pour l'équipement de flottes commerciales que pour l'armement de ses armées navales. En temps de guerre, en effet, c'est à la marine marchande que l'Amirauté doit emprunter ses marins ; aux époques des grandes guerres elle y puisait à pleines mains. Elle a commencé à sentir la pénurie à l'époque de la guerre de Crimée ; aujourd'hui elle ne saurait réunir le nombre d'*able bodied seamen* dont elle aurait besoin pour un armement général. Ce manque de bras dans le service maritime doit donc préoccuper aussi bien les hommes d'État que les hommes de finance et d'affaires. Aucun de ces points de vue n'a été repoussé par le ministère lors des amendements qui ont été discutés sur cette matière ; son opportunité, du reste, était bien sentie par lui puisque son projet primitif contenait un article sur les *training ships*, lequel a été momentanément écarté pour laisser à la loi son unité de vue touchant la question de la navigabilité. Toutefois il ne considère pas que, dans un pays comme l'Angleterre, le gouvernement puisse prendre l'initiative et la direction d'institutions semblables : c'est aux chambres de commerce, c'est aux associations libres qu'il appartient d'en être les fondatrices ; il annonce même, aux derniers jours des débats, qu'il croit savoir que de différents côtés des pourparlers sont échangés pour des créations nouvelles, auxquelles les encouragements ne manqueront pas tant par assistance directe que par l'appui d'une législation appropriée dès qu'elle sera trouvée opportune.

Assurances. — Nous avons montré, l'année dernière, la part d'influence que l'on pouvait attribuer dans la question de l'innavigabilité à la législation sur les assurances maritimes. Nous avons vu l'armateur nonseulement désintéressé complétement de la sécurité de ses navires, mais souvent réalisant des bénéfices par suite de leur perte. Une pareille situation avait fixé l'attention du gouvernement, et il en était résulté pour lui l'intention de faire passer un bill spécial sur les *maritime contracts*, parallèlement à celui qui vient d'être voté sous le titre de *Merchant shipping bill*. Son objet était de régler d'une façon spéciale la question des assurances, d'empêcher les assurances exagérées, de réveiller la sollicitude des armateurs pour leurs navires ; il devait ainsi concourir avec la loi sur la navigabilité à assurer la sécurité des marins engagés dans la marine marchande. La décision en ce qui le concerne a été différée, mais le gouvernement a exposé nettement ses vues à cet égard, lesquelles peuvent se résumer ainsi : Il faudrait que l'armateur fût le premier intéressé à la sûreté de la navigation de ses navires, mais le système des assurances a tellement affaibli cet intérêt qu'il est difficile de le ranimer, d'autant plus que les chartes-parties viennent ensuite décharger la plupart du temps l'armateur de toute responsabilité par rapport au chargeur, et que l'opinion générale invoque pour défendre cet état de choses le principe de la liberté des contrats; de sorte qu'il semble que toute intervention est impossible. Le gouvernement n'y a pourtant pas renoncé, et il prendra même pour base de son action ce principe de la liberté des contrats entre les contractants, mais il lui imposera le devoir de respecter les droits des tiers. Or, le droit des tiers, marins embarqués sur un navire, est d'exiger la navigabilité de ce navire; la navigabilité du bâtiment assuré devra donc être la base de tout contrat d'assurance. Entrant ensuite dans les détails de forme que revêtent ces contrats, il cherchera à atteindre la pratique des *valued policies*, dont les évaluations souvent excessives ont si fâcheusement impressionné l'opinion publique; il ne veut ni les défendre ni les limiter, mais dans les cas de contestations judiciaires, le tribunal pourra faire faire une estimation par arbitre dont l'évaluation sera la valeur à laquelle l'assuré aura droit, quel que soit le prix d'assurance porté sur la police. Les cas de désaccords semblables sont assez fréquents : ainsi après l'assurance par *valued policies* un navire fait de graves avaries; l'armateur prétend que le coût des réparations sera plus grand que la valeur du navire après les travaux; d'après la législation ancienne, il peut réclamer la valeur totale de l'assurance, souvent fort élevée, qu'il y a fait mettre , bien qu'il fasse ressortir pour la valeur après les travaux un chiffre bien inférieur à celui dont il réclame le payement. Il y a là une injustice que ferait cesser le projet, puisque l'assureur, se basant sur l'écart de ces deux chiffres, pourrait provoquer la décision judiciaire ci-dessus énoncée, qui l'exonérerait de rien payer en sus de la valeur réelle fixée par expert.

L'assurance sur le fret était matière à abus ; ainsi, dans une opération devant donner un bénéfice de 500 livres après avoir entraîné, en cours de navigation, une dépense de 500 livres encore, on eût mis sur le fret une assurance de 1,000 livres ; et en cas de perte du navire au début du voyage, l'assuré qui n'avait pas fait ses 500 livres de dépenses n'eût pas moins eu droit de réclamer les 1,000 livres d'assurances : la perte de son navire était une cause de bénéfice pour lui. Le projet du gouvernement règle que l'assuré ne recevra qu'une portion de la valeur convenue, calculée en tenant compte de la réduction des dépenses de navigation dont la perte du navire a exempté le propriétaire.

Dans certains cas, l'assurance établie sous des formes diverses arrive à se doubler : souvent l'assurance du navire comprend la valeur des approvisionnements, des gages des marins et autres charges incombant à l'armement, lesquelles sont d'un autre côté couvertes aussi par l'assurance sur le fret, de sorte que l'assurance est de cette façon en partie doublée. La loi à intervenir réglerait que l'une de ces deux portions d'assurance ne pourrait être touchée. Il en serait de même si la valeur du navire avait été assurée deux fois à des sociétés différentes : l'assuré n'aurait droit à toucher qu'une indemnité.

Les formes de l'assurance diffèrent encore par la durée pour laquelle le contrat a été fait : tantôt elle est faite pour la durée d'un voyage, au début duquel le navire est déclaré en bon état de navigabilité; tantôt elle est faite pour une période fixe, une année par exemple, et le contrat ne fait aucune mention de l'état de navigabilité du bâtiment, lequel serait d'ailleurs impossible à constater, puisqu'au moment où le contrat est fait ce navire est le plus souvent en mer ; dans ce cas, la loi statuerait que l'assuré ne recevra aucune indemnité si sa perte provient d'un défaut de navigabilité existant au départ du dernier port où il a touché, ou d'un manque de soin du propriétaire ou de ses agents lors du chargement dans ce dernier port.

Ces intentions bienveillantes du ministère sont combattues d'abord au nom de la liberté des contrats, que l'on veut entière et absolue en matière d'assurances comme en toute autre; puis viennent les assureurs, qui y voient une source de conflits et de contestations qu'ils regardent comme les pires ennemis de leurs opérations ; enfin les protecteurs des marins ne les trouvent pas assez restrictives, ils veulent qu'une perte matérielle, en cas de sinistre, identifie l'intérêt de l'armateur avec la sécurité de son navire. L'assurance devra empêcher cet événement d'être ruineux pour lui ; elle couvrira une bonne part de la perte, les trois quarts par exemple, mais une portion de la valeur devra rester à la charge du propriétaire, comme garantie des soins qu'il donnera à la navigabilité de ses bâtiments. Un avenir prochain montrera sans doute dans quelle mesure la loi sera venue donner satisfaction à ces intérêts opposés.

III.

Dans ce dernier chapitre nous dirons quelques mots des questions qui ont été agitées soit dans les discussions publiques, soit dans les réunions particulières, et qui ont eu un certain retentissement, sans que cependant une solution pratique ait été trouvée ou qu'elle semble devoir être promptement appliquée. Nous dirons d'abord les regrets de ceux qui avaient espéré voir le gouvernement proposer une loi de *consolidation* des actes du Parlement relatifs à la marine marchande, puis nous exposerons quelques-unes des considérations les plus usuelles tant sur le mode de jaugeage actuellement employé, que sur l'opportunité de la création d'une caisse de pensions pour les marins du commerce, et nous finirons par l'énoncé de quelques propositions ou observations que leur côté pratique recommande à l'attention.

Consolidation des actes antérieurs. — On avait assez généralement pensé dans le public anglais que le moment était venu de faire une révision générale des lois qui régissent la marine marchande ; de divers côtés, le ministère avait été sollicité en ce sens, et on s'attendait un peu qu'en présentant la loi relative à la navigabilité promise l'année dernière, il saisirait cette occasion pour mettre sous les yeux du Parlement une loi unique, renfermant dans un ordre méthodique toutes les dispositions actuellement en vigueur et qui sont éparses dans les nombreux actes que, depuis 1854, les Chambres ont votés sur la marine marchande. Mais le président du *Board of trade* ne crut pas devoir entrer dans cet ordre d'idées. Un semblable travail n'eût pu se formuler en moins de 700 ou 800 clauses dont la discussion, dans l'état actuel de l'opinion publique, touchant tant de matières diverses, heurtant tant d'intérêts, serait un appel ouvert, dans une époque agitée, à des décisions prises dans le Parlement en des temps plus calmes ; il ne saurait d'ailleurs se terminer assez rapidement pour ne pas reculer de beaucoup le vote et la mise en vigueur de mesures appelées à remplir les lacunes laissées par la législation actuelle. Le passé montre les difficultés d'une pareille entreprise ; trois tentavives faites dans ce but par le ministère précédent, en 1869, 1870 et 1871, ont dû être abandonnées. Toutefois, pour la pratique journalière des marins et autres intéressés, un recueil nouveau de toutes ces lois vient d'être fait ; on y a joint un volumineux index destiné à faciliter le maniement de la législation maritime aux mains les plus inexpérimentées, et on y trouve les vingt actes du Parlement, qui régissent la marine, classés de façon à former un tout semblable à celui qu'eût présenté le bill révisé.

Jaugeage. — Une bonne loi sur le jaugeage est un *desideratum* jusqu'ici regardé comme irréalisable. Déterminer exactement la charge que porte un navire, quelles que soient ses formes, de façon à percevoir les droits sur un tonnage réel et effectif, est le problème dont la solu-

tion sera la plus puissante pour donner à la navigation toute la sécurité
dont elle est susceptible. Jusqu'ici on en est fort loin. Les formules em-
piriques employées pour calculer le tonnage laissent beaucoup à désirer quant à l'exactitude du résultat ; prenant naturellement comme fac-
teurs principaux les trois dimensions du navire, longueur, largeur et
profondeur, elles donnent à l'une ou à l'autre une prédominance dans
l'évaluation du tonnage qui, réagissant sur les droits à percevoir, devient
un des guides du constructeur, toujours à la recherche du navire ca-
pable de porter le plus en acquittant les droits moindres. Cette considération a exercé, dans ces dernières années, la plus fâcheuse influence
sur la construction des navires. On a recherché dans le navire les formes économiques et non les formes assurant les qualités nautiques ;
de là ces navires si mauvais à la mer dont quelques-uns ont disparu,
victimes sans doute de leurs proportions et de leurs formes, pour la
détermination desquelles l'idée maritime avait été remplacée par la
pensée du bénéfice.

Le tonnage est la portion du déplacement total afférent au chargement, l'autre portion faisant équilibre au poids de la coque, de ses ac-
cessoires et des approvisionnements destinés aux besoins de la navigation ; il est donc une fonction directe du déplacement, et la base la
plus naturelle à donner à la perception des droits serait donc ce déplacement même ; mais on a pensé que si cette base était adoptée, les
constructeurs, toujours à la poursuite des résultats économiques, seraient portés à chercher à accroître, pour un déplacement déterminé,
la portion disponible pour le chargement, en allégeant le poids de la
coque au détriment de sa solidité, par suite au détriment de la sécurité.
C'est donc vers l'évaluation même de cette portion de déplacement que
les idées ont dû se reporter ; elle est représentée par une tranche hori-
zontale de la coque du navire comprise entre les deux lignes d'eau qui
seraient tracées, l'une quand le navire a son chargement complet à
bord, et l'autre quand il n'a que ses agrès et approvisionnements. La
surface relevée de ces deux sections horizontales, et les différences des
tirants d'eau observés dans ces deux positions, donneraient une valeur
approximative assez exacte de ce volume. Dans le cas de formes très-
courbes, donnant à penser que la mesure des deux sections supérieure
et inférieure de la tranche représentant le tonnage ne fournirait pas une
valeur assez exacte du volume de cette tranche, on pourrait la subdi-
viser par une ou plusieurs autres sections horizontales, de façon à

avoir la surface d'une section moyenne qui, combinée avec les différences des tirants d'eau, donnerait le tonnage. La Suède, qui possède
une marine respectable comme nombre et comme qualités, a adopté
une méthode analogue à celle-ci pour la fixation du tonnage ; beaucoup de bons esprits en Angleterre pensent que son exemple pourrait
être suivi. Mais on s'accorde à reconnaître l'injustice de la loi actuelle
sur le tonnage à cause du manque d'exactitude des résultats qu'elle
donne et de l'influence néfaste qu'elle exerce sur la construction. Mieux
vaudrait, si on ne peut arriver à un jaugeage satisfaisant, supprimer
les droits de tonnage et prendre une autre base pour asseoir l'impôt
que la navigation doit payer au pays, que de laisser subsister les inconvénients auxquels donnent lieu la loi aujourd'hui en vigueur. Telle est
l'une des opinions récemment émise dans les cercles maritimes, où
cette question est vivement agitée depuis quelque temps.

On soutient de même, dans un autre ordre d'idées, que toute ingérence de la loi sur le tonnage dans la forme et la nature des chargements mène à une difficulté insurmontable, si elle ne veut jamais
aboutir à une injustice ; en tout cas elle conduit à des règles trop com-
plexes. Pour rester dans une voie équitable, il ne faut pas perdre de
vue l'origine et la cause des taxes : celles dites de tonnage ont été
frappées sur les navires pour la construction, l'entretien des bassins et
canaux ; elles doivent donc être proportionnelles à la place que chaque navire occupe dans ces bassins et canaux, c'est-à-dire à son déplacement, ou pour rentrer dans un ordre d'idées commerciales, à la fraction du déplacement dont bénéficie l'armateur, à cette fraction qui
correspond au chargement indépendamment de sa nature. Il faut donc
estimer ce volume en laissant le chargeur libre de l'occuper à sa guise,
de même que l'ingénieur doit être libre de construire le navire comme
il l'entend, et l'armateur de l'équiper à sa façon ; pourvu que les uns et
les autres ne compromettent point la sûreté de la navigation dont ils
conservent toute la responsabilité.

On avait fondé de grandes espérances sur le mode de jaugeage mis
en pratique par la compagnie du canal de Suez, mais des plaintes
nombreuses se sont élevées contre lui après sa mise en pratique ; les
récriminations les plus sérieuses sont celles qui poursuivent, non la
valeur même des chiffres de tonnage qu'il donne, mais bien l'inégalité
des résultats qu'il apporte, lorsqu'en l'appliquant à plusieurs navires on
compare les évaluations qu'on en tire. La commission européenne de la

navigation du Danube vient cependant d'adopter ce système, qui est mis par elle en vigueur depuis le 1er octobre de cette année ; mais ce n'est pas sans protestations que cette décision a été accueillie par l'opinion et par la presse anglaise.

Caisse de retraite pour les marins du commerce. — Parmi les améliorations que réclame le sort des marins anglais figure le rétablissement des pensions de retraite destinées à les aider dans leurs vieux jours. Une semblable institution serait une garantie qui attirerait l'homme prévoyant vers les professions maritimes et qui l'y retiendrait une fois qu'il y serait engagé. L'exemple des nations étrangères, qui presque toutes possèdent des caisses de ce genre, a à plusieurs reprises éveillé à la fois, dans ces dernières années, la sollicitude des économistes et des hommes d'État ; sa création ne serait, du reste, qu'un retour vers ce qui a existé. Un ordre du Parlement de 1747 fonda en effet en Angleterre une caisse de secours pour les marins âgés et infirmes, pour les veuves et les orphelins ; elle était alimentée par une contribution obligatoire d'un schilling par mois imposée aux marins, et elle rendait aux hommes employés dans la marine marchande les mêmes services que ceux de la marine militaire recevaient de l'hôpital de Greenwich ; les grands armateurs du pays l'aidèrent généreusement à ses débuts par des dons volontaires, et elle fonctionna parfaitement jusqu'en 1820. A cette époque, elle perdit l'appui de beaucoup de grandes maisons de commerce qui l'avaient soutenue, et qui alors s'éloignèrent des affaires maritimes ; les secours volontaires manquèrent de plus en plus, et la caisse ne pouvant plus suffire à ses engagements, tomba en faillite, laissant au pays à acquitter un passif d'un million et demi de livres sterling. Un acte du Parlement de 1852 abrogea celui de 1747, mais les besoins ne s'éteignirent pas avec la source des secours, et depuis lors le vide laissé n'a pas été comblé. Dans les 25 années qui viennent de s'écouler, commissions sur commissions ont étudié le moyen de rétablir sur des bases stables une caisse de secours pour les marins : les unes ont préconisé le système des contributions obligatoires, les autres celui des souscriptions volontaires ; on a fait appel au gouvernement pour obtenir qu'il prenne la direction de l'établissement et qu'il le subventionne ; on a discuté les systèmes de taxes qui pourraient être affectées à son entretien. Aucune solution n'a été adoptée ; au sein des Chambres le ministère décline toute responsabilité à prendre. Il ne nie pas le besoin, mais il expose les difficultés de l'entreprise ; l'impossibilité d'imposer de nouvelles charges au commerce maritime, au moment où déjà il se plaint d'un malaise qui tient à l'incertitude qui règne au sujet de la législation ; il, fait voir le danger qu'il y aurait à prélever une contribution obligatoire sur les gages des marins déjà trop rares, alors qu'ils se plaignent de l'insuffisance de leurs salaires et vont chercher dans d'autres professions une aisance que la vie maritime ne leur donne pas. Le vrai remède est dans l'éducation morale des hommes, dans le développement en eux de l'esprit d'économie et de prévoyance. Bien des marins déjà portent leurs épargnes aux sociétés d'assurance sur la vie ; que cet exemple s'étende, et bientôt l'initiative individuelle fera librement, et pour son plus grand profit, ce à quoi on ne réussirait pas à l'amener par la contrainte. Telle est la fin de non-recevoir opposée par le gouvernement à la question difficile qui se dresse devant lui. Rien, il est vrai, n'empêche le marin d'agir comme il l'énonce, mais c'est peu compter avec sa nature insouciante que de croire à la réalisation prochaine d'un programme si flatteur. L'avenir et la veillesse, le marin les voit de trop loin pour leur sacrifier les satisfactions du moment, et d'ailleurs la mort est si souvent près de lui qu'il lui semble inutile de rien consacrer à cet âge avancé auquel il ne se croit pas destiné à arriver. Tel est le véritable état de la question et la situation à laquelle il y a à porter remède, car, après elle, elle traîne une misère qui réclame un soulagement.

L'*état de santé des marins* est un objet de préoccupation tant au point de vue économique que pour ceux qui s'occupent de la prospérité de la marine. Il est constant que beaucoup d'hommes sont embarqués dans un état de santé qui les met dans l'impossibilité de rendre de bons services. Il s'ensuit d'abord que leur concours fait défaut à la manœuvre du bâtiment, puis qu'arrivé au premier port de relâche on est obligé de les mettre à terre et de les laisser dans les hôpitaux, d'où ils doivent ensuite être rapatriés aux frais du gouvernement ; de sorte qu'en outre du surcroît de travail que l'incapacité matérielle de ces hommes donne aux autres matelots, de l'influence fâcheuse que cette incapacité peut exercer sur la conduite du bâtiment, des frais qui, de ce chef, incombent aux armateurs, le gouvernement a encore une dépense moyenne de 30,000 livres sterling à faire chaque année. Pour parer autant que possible à de pareilles éventualités et en diminuer la fréquence, le ministère avait inséré dans son projet de bill une disposition d'après laquelle un certificat de santé devrait être délivré à chaque homme à son embarquement, sous la responsabilité du capitaine du bâtiment, qui devrait être obligé de le produire à toute réquisition, sous peine de voir, en cas de maladie de l'un d'eux, tous les frais en résultant mis à la charge du bâtiment. Cette mesure a été retirée sans discussion comme tout à fait étrangère à l'objet du bill de cette année, et devant mieux trouver place dans une autre loi relative au personnel.

Parmi les autres motions dont nous ne ferons que l'énoncé, et qui se trouvent répétées dans les réunions qui s'occupent des questions maritimes, nous citerons : l'interdiction de changer le nom des navires, ainsi que cela se pratique fréquemment malgré les difficultés qu'y opposent les règlements du *Bord of trade*, car ces changements peuvent avoir pour effet de surprendre la confiance du public en détournant les soupçons qu'il pourrait avoir à l'égard d'un vieux navire dont le nom lui est connu ; tandis que la nouvelle appellation détourne les préventions que le bâtiment éveillerait si on connaissait ce qu'il a été. — Puis, à côté de la surcharge qui est l'objet de tant de mesures préventives, nous dirons qu'il est bien des sinistres dont la cause est venue du manque de chargement ; trop de navires soi-disant sur lest sortent dans des conditions de navigabilité déplorables, manquant de stabilité et présentant hors de l'eau une surface de coque disproportionnée ; ils s'en vont à la dérive et périssent à la côte faute d'avoir embarqué une quantité de lest suffisante. — En présence des collisions si fréquentes et si effroyables dans leurs conséquences, on a demandé qu'une pénalité sévère soit appliquée aux infractions constatées qui les amènent, telles que négligence d'allumer les feux prescrits et d'entretenir des vigies attentives. — A bord des navires à émigrants, où l'incendie a causé de si terribles événements et où il a été constaté que la cause ordinaire était dans l'abus des spiritueux, le plus souvent soustraits à bord en perçant des cloisons ou par tout autre moyen d'effraction, on a pensé qu'il conviendrait d'armer les capitaines de pouvoirs extraordinaires à l'égard de ce nombreux personnel, afin qu'il pût réprimer d'une façon à la fois sommaire et exemplaire de semblables méfaits. — Considérant l'importance que prennent les comités maritimes locaux institués dans tous les ports de mer, et les avantages qu'il y aurait à ce que l'élément naviguant y fût représenté, on propose que les patrons et capitaines, munis de brevet et résidant dans chaque port ou dans un rayon déterminé, soient admis à élire deux membres dans ce comité ; les marins dans les mêmes conditions de résidence enverraient aussi deux représentants. —

Enregistrons aussi les plaintes que font naître l'introduction dans les équipages d'une foulé d'étrangers, non-seulement comme matelots, mais comme officiers et même comme capitaines. Mais quel remède opposer à ce mal lorsque les marins anglais manquent et que les armateurs défendent la liberté qu'ils ont de confier leurs intérêts à qui leur présente les conditions les plus satisfaisantes? — Enfin une dernière proposition est faite pour demander une fixation nouvelle et obligatoire de la ration des marins; mais le ministère décline une pareille tâche pour les Chambres. Un acte du Parlement ne saurait agir en pareille matière. L'alimentation d'une classe si nombreuse de la nation, répandue sur toute la surface du globe, ne saurait être réglée d'une façon absolue; d'une part, en effet, il faut avoir égard aux ressources qu'offrent les diverses contrées pour les approvisionnements de vivres; de l'autre, il faut songer qu'un régime bienfaisant doit être approprié au climat où on est appelé à vivre, varier par conséquent avec lui; enfin la masse d'étrangers de toutes races employés sur les navires anglais ne saurait adopter sans inconvénient le régime qui convient aux Anglais; une réglementation absolue en cette matière ne saurait donc être établie.

En terminant disons quelques mots et des reproches qui ont été faits au *Board of trade*, et des mesures qu'il a prises pour la mise en vigueur des lois nouvelles. Comme nous l'avons indiqué l'année dernière, les ennemis du *Board of trade* partent de l'étendue et de la diversité de ses attributions pour démontrer son insuffisance en matière maritime; confinées d'abord dans des articles de presse, leurs accusations ont souvent un caractère de violence et d'injustice bien peu excusable en présence des efforts faits par cette administration; mais elles ont franchi les portes des Chambres du Parlement. Les plus modérés ne mettent pas les personnes en cause, mais ils disent qu'en présence des intérêts immenses que représente la marine marchande du pays, du nombre considérable d'hommes dont l'existence est liée à elle, et du caractère essentiellement spécial que revêtent toutes les questions qui s'y rattachent, elle ne pourra être menée sûrement dans la bonne voie que lorsque ses destinées seront remises aux mains d'une administration n'ayant qu'elle à conduire, dont par conséquent l'attention ne sera jamais distraite par des sujets étrangers, et composée d'hommes spéciaux tous parfaitement au courant des questions maritimes, à l'étude desquelles leur existence aurait été consacrée; le président d'une semblable institution devrait naturellement être la personnification la plus éminente des qualités spéciales et du savoir exigé de ses membres. On a demandé une réorganisation totale du *Board of trade*, ou son remplacement par un comité de commissaires choisis parmi les anciens armateurs, les anciens constructeurs et autres sommités ayant tenu de près à la marine, qui auraient mission de préparer les lois fondamentales destinées à régir la marine marchande, mais surtout de réglementer les questions de détail qu'on éviterait ainsi de fixer irrévocablement dans des actes du Parlement. Bien que semblable révolution dans la direction des affaires maritimes de l'Angleterre n'ait jamais fait l'objet d'une discussion et n'ait jamais eu que le caractère de ballons d'essais lancés dans le cours de débats ayant un autre objet, le ministère crut devoir déclarer que jamais il ne consentirait à remettre à un comité, formé en dehors de lui, des pouvoirs législatifs et exécutifs aussi étendus que ceux dont il avait été fait mention. Du reste, le vote de la loi présentée cette année est la garantie la plus sérieuse de la stabilité du *Board of trade* dont ces reproches n'ont en rien ébranlé l'influence.

De son côté, du reste, secondant activement l'action législative par l'action administrative, il a fait tous ses efforts pour mettre son personnel au niveau de ses nouvelles attributions. En vue de l'application des lois votées en 1875 et 1876, le littoral du royaume a été divisé en dix districts, dans chacun desquels a été placé un officier principal qui, en dehors des comités de district, a pour mission de veiller à ce que les intérêts des parties ne trouvent que profit à l'accroissement de pouvoir que la loi a conféré aux agents de l'administration maritime ; puis un comité consultatif a été créé à Londres pour centraliser et unifier l'action partielle des comités locaux et leur donner la direction générale. Persuadé de l'importance que prend l'uniformité d'action de tous ses agents dans les divers ports, le président du *Board of trade* leur a fait donner des instructions à la fois précises et détaillées, de façon que les mêmes principes, les mêmes règles, la même mesure président partout à leurs décisions ; que le niveau soit le même, en un mot, dans tout le royaume, afin qu'un navire reconnu dans un port apte à prendre la mer, ou à recevoir un certificat, ne soit exposé à aucun arrêt dans un autre port. L'énoncé de toutes ces mesures a reçu l'unanime approbation des membres du Parlement.

Il ne nous reste plus, en finissant cette étude, qu'à constater le progrès que fait parmi toutes les nations civilisées l'idée d'améliorer le sort des marins et d'augmenter la sécurité de la navigation. Le gouvernement anglais a pu à plusieurs reprises, pendant les débats dont nous venons d'entrenir les lecteurs de la *Revue*, mentionner les témoignages de sympathie et d'encouragement qu'il recevait journellement des gouvernements étrangers, et exprimer la confiance qu'il avait de les voir entrer bientôt dans la même voie; or, dans son discours d'ouverture des Chambres, l'empereur d'Allemagne vient d'annoncer aux députés que, préoccupé de l'état des marins, il ferait préparer un projet de loi spécial sur cette grave question. Bien d'autres mesures analogues se succéderont sans doute, et il est à croire qu'avant peu nous aurons de nouveaux succès à enregistrer au profit de cette grande cause de l'humanité, si cruellement éprouvée et si sympathiquement personnifiée dans la personne des marins.

HAUTEFEUILLE,
Lieutenant de vaisseau.

M. le ministre de l'agriculture et du commerce, par une circulaire en date du 30 octobre dernier, adressée aux chambres de commerce du littoral, fait connaître que le Parlement anglais, dans sa dernière session, a adopté un bill relatif aux chargements des navires qui fréquentent les ports du Royaume-Uni. A cette circulaire est jointe la traduction suivante des articles 12, 13 et 24 de ce bill qui ont paru à M. le ministre de la marine de nature à intéresser notre marine marchande. M. le ministre fait remarquer que les articles 13 et 23 sont applicables depuis le 1er octobre, et l'article 24 depuis le 1er novembre.

Acte pour modifier les actes de la marine marchande.

15 août 1876.

Art. 13. — Quand un navire étranger a pris tout ou partie de sa cargaison dans un port du Royaume-Uni, et que, pendant qu'il se trouve dans ce port, il devient par suite de surcharge ou en raison d'un chargement irrégulier, dangereux pour la vie des personnes qui le montent, les dispositions du présent acte relatives à la détention des navires lui seront applicables comme si le navire était anglais, mais avec les modifications suivantes :

1. — Copie de l'ordre de détention provisoire sera immédiatement adressée à l'agent consulaire de la nation à laquelle le navire appartient, dans le port ou le lieu le plus voisin du port où le navire est détenu.

2. — Quand un navire est soumis à la détention provisoire, l'agent consulaire, à la requête du propriétaire ou du capitaine du navire, peut demander qu'il soit adjoint à la personne chargée par le *Board of trade* d'inspecter le navire, telle ou telle personne que ledit agent consulaire désignera, et dans le cas où l'inspecteur et la personne désignée seront d'accord, le *Board of trade*, selon la décision, fera détenir ou relâcher le navire; mais s'ils ne sont pas d'accord, le *Board of trade* pourra procéder comme si la requête n'avait pas été introduite, et le propriétaire ou le capitaine du navire aura le droit d'appeler à la Cour d'inspection du rapport de l'inspecteur, ainsi qu'il est établi ci-dessus par le présent acte.

3. — Quand le propriétaire ou le capitaine du navire interjette appel devant la Cour d'inspection, l'agent consulaire, à la requête dudit propriétaire ou capitaine, peut désigner une personne compétente qui remplira les fonctions d'assesseur, au lieu de l'assesseur qui, s'il s'agissait d'un navire anglais, serait désigné autrement que par le *Board of trade*.

Dans le présent article, par agent consulaire s'entend consul général, vice-consul, agent consulaire où toute personne reconnue comme agent consulaire d'un État étranger par un secrétaire d'État.

Chargement sur le pont.

Art. 23. — Lorsqu'un navire anglais ou étranger autre que les navires caboteurs, tels qu'ils sont définis par l'Acte de la marine marchande de 1854, portera comme cargaison sur le pont, c'est-à-dire dans tout espace découvert sur le pont ou dans tout espace couvert non compris dans le jaugeage constituant le tonnage officiel du navire, du bois de charpente, des approvisionnements ou autres marchandises, tous les droits payables sur le tonnage du navire seront dus comme si dans ce tonnage était compris l'espace occupé par lesdites marchandises au moment où ces droits devaient être perçus.

Sera considérée comme espace ainsi occupé, la superficie couverte par les marchandises et comprise dans le rectangle formé de lignes droites suffisant pour loger lesdites marchandises.

Le jaugeage de cette superficie sera déterminé par un employé du *Board of trade* ou des douanes, conformément aux prescriptions du paragraphe 4 de l'article 21 de l'Acte de la marine marchande de 1854, et, après ladite constatation, ledit jaugeage sera par lui inscrit au livre du bord et sur une note qu'il remettra au capitaine, et ledit capitaine, lorsque les droits précités lui seront demandés, devra produire ladite note comme si elle était le certificat d'enregistrement, et, s'il s'agit d'un navire étranger, comme si cette note représentait le document correspondant au certificat d'enregistrement, et faute de

quoi, il sera soumis à la même pénalité que s'il n'avait pas présenté le certificat ou le document précité.

Art. 24. — Lorsqu'après le 1er novembre 1876, un navire anglais ou étranger
arrivant, entre le 31 octobre et le 16 avril de chaque année, dans un port
quelconque du Royaume-Uni et ayant une cargaison de pont, c'est-à dire dans
tout espace découvert sur le pont ou dans tout espace couvert non compris
dans le jaugeage constituant le tonnage officiel du navire, portera des bois
dans les catégories ci-dessous :

A. Bois rond, équarri ou autre bois de construction, sapin, acajou, chêne,
teck et autres bois lourds quelconques ;

B. Plus de cinq espars ou espars de rechange, bruts, dressés ou finis ;

C. Planches, bastins et autres articles en bois léger, s'élevant, en hauteur,
à plus de 3 pieds (90 centimètres) au-dessus du pont, le capitaine du navire
et aussi le propriétaire, s'il a trempé dans le délit, sera passible d'une amende
maxima de 5 livres sterling (125 fr.) par chaque 100 pieds cubes (2^m,8 cubes)
de bois portés en contravention du présent article, et ladite amende pourra
être recouverte par action (poursuite légale) ou acte d'accusation ou jusqu'à
concurrence de 100 livres sterling (2,500 fr.), quelle que soit d'ailleurs l'importance de l'amende à percevoir par jugement humain.

Il est entendu que ni le capitaine, ni le propriétaire, ne sera passible d'a-
mende en vertu du présent article :

1° Pour tout bois que le capitaine a cru nécessaire de placer et de garder
sur le pont durant le cours de son voyage, par suite de voie d'eau survenue
ou de toute avarie arrivée ou appréhendée ;

2° S'il prouve que le navire a quitté le port où le bois a été chargé sur le
pont, en temps utile, avant le 31 octobre, pour pouvoir, dans les conditions
ordinaires de traversée, arriver, avant ledit jour, dans un port du Royaume-Uni ;
mais qu'il en a été empêché par le mauvais temps ou par des circonstances
de force majeure ;

3° S'il prouve qu'il a quitté le port où le bois a été chargé sur le pont,
en temps utile, avant le 16 avril, pour pouvoir, dans des conditions normales
de traversée, arriver, après ledit jour, dans un port du Royaume-Uni, et que
ce n'est que par suite d'une traversée exceptionnelle qu'il est arrivé avant
cette date.

Il est également entendu que le présent article ne s'applique en rien aux
navires qui, non destinés pour un port du Royaume-Uni, entreraient dans un
desdits ports, par suite de gros temps, pour s'y ravitailler ou dans tout autre
but que d'y décharger leur cargaison.

LIBRAIRIE BERGER-LEVRAULT & CIE

Les vagues et le roulis. Les qualités nautiques des navires, par M. L. E. BERTIN, ingénieur des constructions navales, docteur en droit. — Brochure gr. in-8°. Prix : **4** fr.

Notes sur le Centre-Amérique (Costa-Rica, Nicaragua et San-Salvador); **Vancouver et la Colombie anglaise,** par M. Th. AUBE, capitaine de vaisseau. — Brochure grand in-8°. Prix : **2** fr.

Réflexions sur les chronomètres, par M. ROUYAUX, enseigne de vaisseau. — Brochure grand in-8°. Prix : **1** fr. **50.**

Note sur le fulmi-coton. — Brochure grand in-8°. Prix : **2** fr.

Organisation du corps des officiers de vaisseau de la marine française, par M. A. DESCHARD, sous-commissaire de la marine. — Brochure grand in-8°. Prix : **2** fr. **50.**

Considérations sur la régulation des machines à vapeur, par M. LEFORT, capitaine de vaisseau. — Brochure grand in-8°. Prix : **75** c.

Études sur les ouragans, par le vice-amiral Vte A. FLEURIOT DE LANGLE. — Brochure grand in-8°, avec 20 planches. Prix : **5** fr.

Les Navires de guerre les plus récents, par M. MARCHAL, ingénieur des constructions navales. Janvier 1876. — Brochure grand in-8°, avec 29 figures. Prix : **3** fr.

Encore la question de décuirassement, par le vice-amiral V. TOUCHARD. — Brochure grand in-8°. Prix : **1** fr.

Études sur les manœuvres des combats sur mer, par M. le vice-amiral BOURGOIS, conseiller d'État honoraire. — Brochure grand in-8°. Prix : **3** fr. **50**

Étude sur la France maritime et coloniale (règne de Louis XIV). L'amiral Du Casse, chevalier de la Toison d'or (1646-1715), par le baron ROBERT DU CASSE, attaché au département des affaires étrangères. — Un beau volume in-8°. Prix : **6** fr.

Un nouveau planisphère, par E. DELACROIX, enseigne de vaisseau. — Brochure grand in-8°. Prix : **1** fr.

Théorie générale des Circumméridiennes, par M. HILLERET, lieutenant de vaisseau. — Brochure grand in-8°. Prix : **5** fr.

La Question des Canons telle qu'elle se pose aujourd'hui, par M. STUART RENDEL, traduit de l'anglais par M. DE BERNARD DE LA FRÉGEOLIÈRE, lieutenant de vaisseau. — Brochure grand in-8°. Prix : **1** fr. **50**

Étude sur les coups de vent, par M. Ch. ANTOINE, lieutenant de vaisseau. — Brochure grand in-8°. Prix : **2** fr.

La première Escadre de la France dans les Indes, par M. TH. DELORT, lieutenant de vaisseau. — Brochure grand in-8°. Prix : **3** fr. **50**

Deux expériences faites à bord de la Loire pendant un voyage en Nouvelle-Calédonie (1874-1875), par A. MOTTEZ, capitaine de vaisseau. — Brochure grand in-8°. Prix : **1** fr.

La Navigation aérienne, ses rapports avec la navigation aquatique, par Henry DURASSIER. — Brochure grand in-8', avec 11 figures. Prix : **2** fr.

La Marine et l'Observation du Passage de Vénus sur le Soleil. (9 décembre 1874.) — Brochure grand in-8°. Prix : **2** fr.

La Pêche du corail sur les côtes de l'Algérie, par M. CAVELIER DE CUVERVILLE, capitaine de frégate. — Brochure grand in-8°. Prix **3** fr. **50**

Théorie rationnelle des Ouragans, par M. ANSART, capitaine de frégate. — Brochure grand in-8°, avec 34 figures dans le texte. Prix : **3** fr.

Notice sur la situation de l'ostréiculture en 1875, précédée d'un rapport adressé au Ministre de la marine et des colonies par M. DE BON, commissaire général, directeur des services administratifs au Ministère de la marine et des colonies. — Brochure grand in-8°. Prix : **2** fr.

Note sur l'isolement des conducteurs électriques (procédés d'essais), par le Dr A. FOUCAUT, médecin de 1re classe de la marine. — Brochure grand in-8°. Prix : **1** fr.

www.ingramcontent.com/pod-product-compliance
Lightning Source LLC
Chambersburg PA
CBHW061237030726
47595CB00004B/1578